Google H

I0018753

Das umfassende Handbuch

Anleitung, Home-App, Sprachbefehle,
Chromecast, Smart Home, IFTTT u.v.m.

Tom Schillerhof

Inhalt

- Geräteeinstellungen
- Zusätzliche Einstellungen für Google Home
- Kontoeinstellungen

10. Ihr Smart Home (S. 51–68)

- Beleuchtung
- Heizungsthermostate
- Smarte Steckdosen
- Einen Fernseher mit integriertem Chromecast mit Google Home verbinden
- Netflix-Videos abspielen
- Google-Fotos abspielen
- Inhalt von Chrome abspielen
- IFTTT
- Multiroom-Gruppenwiedergabe

11. Die erweiterte Google-Home-Familie (S. 69–72)

- Google Home Mini
- Google Home Max

12. Problembehandlungen (S. 73–78)

1. Einführung

Lieber Leser,
vielen Dank, dass Sie sich für dieses Buch entschieden haben.

Die Technologie der digitalen Spracherkennung wird seit dem Siegeszug der Smartphones Ende der 90er Jahre stetig vorangetrieben. Im Laufe der 2010er Jahre verzeichneten zunächst namhafte Unternehmen wie Apple (Siri, 2011), Windows (Cortana, 2014) und Google (Google Now, 2012) die ersten Erfolge in der Entwicklung der Sprachassistenten, also Computerprogrammen mit künstlicher Intelligenz, die mit menschlichen Sprachanfragen interagieren. Diese Programme mussten allerdings stets über einen Desktop-PC oder ein Smartphone bedient werden und waren von einer natürlich klingenden, schnellen Unterhaltung noch weit entfernt.

Der Durchbruch gelang schließlich Amazon mit dem eigens produzierten und physisch greifbaren Lautsprecher Amazon Echo im Jahr 2015, welcher mit dem digitalen Sprachprogramm Alexa und der deutlich verringerten Latenzzeit die fortschrittliche Kommunikation mit dem Nutzer auf eine völlig neue Ebene hievte. Dieser Erfolg spiegelte sich nach Markteinführung sowohl in der großen Medienpräsenz als auch in den enormen Absatzzahlen wider. Zwar veröffentlicht Amazon keine offiziellen Verkaufszahlen des Echos, doch deutet alles darauf hin, dass der intelligente Sprachassistent der größte Verkaufshit in der Hardware-Geschichte des Unternehmens ist. Marktforscher gehen davon aus, dass Amazon allein in den USA seit Veröffentlichung über 11 Millionen Einheiten absetzen konnte.

Gleichwohl gibt noch großes Entwicklungspotenzial auf dem Gebiet der digitalen Sprachassistenten, schließlich steckt die dazugehörige Technik auch im Jahr 2017 noch in den Kinderschuhen und wird laut Experten in naher Zukunft eine ganz neue Welt der Möglichkeiten bieten. So findet die Revolution nicht nur in der digitalen Welt statt, sondern ebenso in unserem alltäglichen Leben. Smarte Geräte wie internetfähige Fernseher, umfangreich vernetzte Beleuchtungssysteme und individuell einstellbare Heizungseinheiten sind nicht länger Zukunftsmusik, sondern mittlerweile Bestandteil vieler Haushalte auf der ganzen Welt.

Dieses Potential sah auch der Suchmaschinengigant Google, der mit der Veröffentlichung seines eigenen Sprachlautsprechers Google Home Ende 2016 (USA) alles daran setzte, die Technologie für einen stetig wachsenden Absatzmarkt weiter zu perfektionieren. Und in der Tat: Google Home verfügt nicht nur über eine qualitativ hochwertige Spracherkennungs-Software inklusive neuartiger Kontexterkennung, sondern überzeugt auch durch eine sehr umfangreiche und weitreichend vernetzte Wissensdatenbank. Lassen Sie sich durch die unscheinbare Erscheinung von Googles smartem Lautsprecher nicht täuschen: Im Innern des Geräts schlummert ein cleverer und vielseitiger Helfer, der Ihnen 24 Stunden am Tag und 7 Tage die Woche zur Verfügung steht. So kann der integrierte Google Assistant Musik abspielen, Fragen beantworten, Begriffe definieren, Hörbücher vorlesen, Nachrichten, Verkehrs- und Wetterinformationen liefern sowie über Sportergebnisse und Spielpläne informieren.

Darüber hinaus fungiert der Google Home als zentrales Steuerungselement, das sämtliche Smart-Home-Geräte in Ihrem Haushalt auf sich vereinen kann. Wenn Sie über die entsprechende Hardware verfügen, können Sie mit Ihrem

Google Home Ihre smarten Lampen, Ventilatoren, Lichtschalter, Steckdosen, Jalousien oder Thermostate per Sprachbefehl kontrollieren. Und das Beste daran: Durch die permanente Verbindung zu einer Datenbank, die stetig aktualisiert und durch die Dienste von Drittanbietern immer umfassender wird, ist Google Home in der Lage, seine spannenden Serviceleistungen und Möglichkeiten in Ihren heimischen vier Wänden immer weiter auszubauen. Das bedeutet, dass Sie nicht nur ein leistungsstarkes Produkt im Auslieferungszustand bezahlen, sondern gleichzeitig in das investieren, was Ihr Google Home in den kommenden Jahren an Möglichkeiten bereithalten wird. All das geschieht ganz ohne Knopfdruck, ohne Handy oder Tablet. Stattdessen haben Sie allein durch seine Stimme die volle Kontrolle über die Begleitung des Alltags.

Aufgrund der Tatsache, dass bei der Lieferung von Google Home nur eine Kurzanleitung beiliegt, bleiben allerdings viele Kundenfragen offen. Damit Sie nicht ständig das Internet nach Info-Häppchen durchsuchen müssen, soll Ihnen dieses Buch daher als ideales Nachschlagewerk dienen und Ihnen dabei helfen, Schritt für Schritt alles über die wichtigsten Funktionen von Google Home zu lernen, um das volle Potential des Gerätes auszuschöpfen.

Am Ende soll die Interaktion mit Google Home Spaß machen und Ihren Alltag durch vielfältige Anwendungsbereiche in gleichem Maße bereichern wie komfortabler gestalten.

2. Äußere Details

Google Home besticht auf den ersten Blick durch sein kompaktes und zweiteiliges Zylinder-Design, das im oberen Bereich glatte weiße Linien aufweist, die sich zur Höhe hin leicht zuspitzen, während das Gerät im unteren Bereich in abgerundeter Form abschließt.

Mit einer Höhe von 14,3 cm und einem Gewicht von rund 480 Gramm ist Google Home um die Hälfte kleiner und leichter als das Amazon-Echo-Modell. Die geneigte Oberseite des Geräts ist mit einer ebenen Fläche ausgestattet, auf der vier LED-Lichter in den gleichen Farben des Google-Logos leuchten und je nach Aktion bestimmte Farbvarianten und Bewegungen ausführen. Diese Oberfläche fungiert gleichzeitig als Touch-Panel, welche es Ihnen erlaubt, den integrierten Sprachservice Google Assistant manuell zu aktivieren, abgespielte Musik zu pausieren und die Lautstärke zu regeln.

Um die Lautstärke zu ändern, müssen Sie mit dem Finger leicht auf die Touch-Oberfläche drücken und Kreisbewegungen ausführen. Daraufhin wird ein zwölfteiliger LED-Ring eingeschaltet, dessen Struktur sich je nach Volumen ändert. Kreisbewegungen, die im Uhrzeigersinn erfolgen, erhöhen die Lautstärke, während das Gegenteil dazu führt, das Volumen zu verringern. Darüber hinaus erreichen Sie durch einen Druck auf das Touch-Panel, dass Sie den Google Assistant ohne die Aktivierungsworte "OK Google" ausführen können.

Um Ihre Sprachanweisungen zu verstehen, ist Google Home mit zwei Fernfeld-Mikrofonen ausgerüstet, deren Eingänge links und rechts an der Oberseite verarbeitet wurden. Die Mikrofone sind überaus sensibel und erkennen Ihre Stimme sogar dann, wenn Sie sich weiter entfernt im Raum aufhalten oder ein Geräuschpegel Ihren Sprachbefehl zu torpedieren droht. Erst dann, wenn der Geräuschpegel zu stark ist oder Sie die Musik Ihres Geräts sehr hoch eingestellt haben, hat der Assistant Schwierigkeiten, Ihre Kommandos klar zu verstehen.

Da Google Home ganz und gar darauf ausgerichtet wurde, mit Ihrer Sprache zu operieren, kommt das Gerät fast gänzlich ohne sichtbare Tasten aus. Die einzige Taste, die verarbeitet wurde, ist die Stummtaste, die sich an der Frontseite befindet. Wenn Sie auf diese Taste drücken, schalten Sie Mikrofone Ihres Assistenten in den Stand-by-Modus. Die LED-Lichter an der Oberseite werden daraufhin orange leuchten.

Unter der Stummtaste ist außerdem die Stromleuchte eingebaut, die bei Aktivierung ein weißes Licht ausstrahlt.

Während die obere Seite des Assistenten stets unveränderlich bleibt, können Sie dessen untere Abdeckung aus Gewebe in der Farbe *Schiefer* mit Hilfe der magnetischen Vorrichtung ganz einfach abdrehen. Das Abdrehen des unteren Teils offenbart den Blick auf den verbauten High-Excursion-Lautsprecher mit 2-Zoll-Treiber und dualen 2-Zoll-Passivradiatoren, welcher einen druckvollen Klang erzeugt.

Wenn Sie mit der Farbe oder dem Material Ihrer Standardbasis unzufrieden sind, können Sie diese bei Ihrem Google Home ganz leicht auswechseln. Drehen Sie dazu die magnetische Unterseite ab und ersetzen Sie sie durch eine, die besser zu Ihrem Stil passt. Aktuell gibt es zwei Alternativen in den Farben Karbon und Kupfer, welche je 90 Gramm wiegen und demnächst im Google Store bestellt werden können.

3. Technische Details

Maße und Gewicht

Google Home ist 143 mm hoch, hat einen Durchmesser von 96 mm und wiegt 480 Gramm. Das beigelegte Stromkabel ist 180 mm lang.

Farbe

Generell besteht das Gerät aus einer weißfarbigen Oberseite, während der untere Teil in der Standardversion ein graufarbiges Fabrikat beinhaltet.

Unterstützte Betriebssysteme

Android 4.2 oder höher
iOS 8.0 oder höher

Unterstützte Audioformate

HE-AAC
LC-AAC
MP3
Vorbis
WAV (LPCM)
FLAC
Opus

WLAN

WLAN 802.11b/g/n/ac (2,4 GHz/5 Ghz) für unterbrechungsfreies Streaming. WPA2-Enterprise wird nicht unterstützt.

Stromversorgung

16,5 V erforderlich, 2 A enthalten

Netzteil
100 – 240 V, 1,1 A, 50 – 60 Hz

Ports und Anschlüsse
Gleichstromsteckdose
Micro-USB-Port (nur für Service)

Energieverbrauch
1. Wenn Ihr Google Home mit einer Stromquelle verbunden ist und die Mikrofone aktiviert sind, liegt der Energieverbrauch im Standy-Modus bei ca. 2,2 Watt.

2. Die aktive Bearbeitung eines Sprachbefehls nimmt ca. 2,4 Watt in Anspruch.

3. Beim Abspielen von Musik beträgt die Stromleistung auf mittlerer Lautstärke ca. 2,5 Watt.

Würden Sie in der Theorie Ihren Google Home für ein Jahr lang ununterbrochen im Standy-Modus belassen, kämen Sie auf 19,22 Kilowattstunden pro Jahr. Rechnet man mit einem Strompreis von 0,28 Euro pro Kilowattstunde, würden die Stromkosten von Google Home im Jahr 5,38 Euro betragen.

OTA-Updates (Over The Air)
Ihr Google-Home-Gerät wird automatisch mit der neuesten Software aktualisiert, sobald diese verfügbar ist.

Integrierte Hardware-Komponenten
CPU: Marvell 88DE3006 Armada 1500 Mini Plus dual-core ARM Cortex-A7
Flash-Speicher: Toshiba TC58NVG1S3HBA16 256 MB NAND
Arbeitsspeicher: Samsung K4B4616 512 MB B-Die DDR3 SDRAM

4. Setup Google Home

1. Schon beim Auspacken zeigt sich die besondere Präsentation von Google Home. Öffnen Sie den aufklappbaren weißen Karton und entnehmen Sie das Google-Home-Gerät, das Stromkabel und die Kurzanleitung. Stecken Sie das eine Ende des Stromkabels in das Google-Home-Gerät und verbinden Sie das andere Ende mit einer Steckdose. Das Stromkabel muss während des Betriebs von Google Home die ganze Zeit über angeschlossen sein.

2. Nachdem Sie Google Home verbunden haben, werden das orange Statuslicht und der LED-Lichtring an der Oberseite des Geräts aktiviert. Kurze Zeit später wird ein Aktivierungston erklingen, woraufhin der integrierte Google Assistant Sie mit einem Begrüßungssatz willkommen heißen wird. Die LED-Lichter verfärben sich dabei weiß und blinken auf.

3. Um Google Home einzurichten, müssen Sie die zugehörige App namens "Home" auf Ihr Smartphone oder Tablet laden. Die App ist kostenfrei und für die Android-Version 4.2 und iOS 8.0 verfügbar. In technischer Hinsicht handelt es sich bei der Home-App um die vorherige Google-Cast-App, die vor dem Release von Google Home umgestaltet wurde. Der Einrichtungsprozess ähnelt sich daher.

4. Öffnen Sie die Home-App und akzeptieren Sie die Datenschutzerklärung. Ihr angeschlossenes Google-Home-Gerät sollte anschließend mit der Option Standortermittlung aktivieren von der App automatisch erkannt werden. Achten Sie darauf, dass beide Geräte beim Einrichtungsmodus mit geringem Abstand zueinander stehen.

5. Während des Einrichtungsprozesses werden Sie einen Testsound vernehmen, der Ihnen signalisiert, dass die Verbindung erfolgreich war. Anschließend gilt es, Ihrem Google Home-Assistenten einen Namen zu geben. Falls Sie mehrere Google-Home-Geräte Ihr Eigen nennen, können Sie sie beispielsweise nach dem Raum benennen, in welchem sie sich befinden.

6. Stellen Sie sicher, dass Ihr Smartphone oder Tablet mit demselben WLAN-Netzwerk verbunden ist, über das Sie Ihr Google Home-Gerät einrichten möchten. Geben Sie die Daten Ihrer WLAN-Verbindung ein und melden Sie sich mit Ihrem Google-Konto an.

Nach der Anmeldung des Google-Kontos werden Sie gefragt, ob Sie der Nutzung der **Persönlichen Ergebnisse** sowie der Standortermittlung zustimmen.

Im Anschluss können Sie den Musikdienst auswählen, den Google Home primär abspielen soll. Dabei stehen Dienste wie Google Play Music, Deezer und Spotify zur Auswahl. Beachten Sie, dass für das Abspielen der Musikdienste sowohl eingeschränkter Service für Free-Nutzer als auch ein kostenpflichtiges Premium-Konto zur Verfügung stehen.

7. Als letzten Schritt wird Google Home die neuesten Geräteaktualisierungen vornehmen. Schalten Sie Ihr Gerät während des Prozesses nicht aus. Parallel tritt der mehrfarbige LED-Lichtring wieder in Erscheinung und erlischt am Ende des Prozesses.

8. Google Home ist damit fertig eingerichtet und erwartet Ihre Sprachbefehle.

5. Eine Unterhaltung mit Google Home

Google Home wurde darauf ausgerichtet, mit Hilfe des digitalen Sprachassistenten allein mit Ihren Sprachbefehlen interagieren zu können. Infolgedessen kommt das Gerät ohne Display und andere Eingabemöglichkeiten aus. Zu Beginn einer jeden Sprachinstruktion müssen standardmäßig die Aktivierungswörter "OK Google" oder "Hey Google" erwähnt werden, damit Google Home reagiert.

Sie müssen nicht warten, bis Google Home mit einem Leuchten auf die Aktivierungswörter antwortet. Sprechen Sie einfach "OK Google" und den jeweiligen Befehl flüssig hintereinander aus, ganz so, als würden Sie sich mit einer Person im gleichen Raum unterhalten.

Eine Unterhaltung durch Berührung starten

Wenn Sie möchten, können Sie mit Google Home manuell interagieren, ohne dass Sie zuvor die Aktivierungswörter benutzen. Drücken Sie dafür einmal mittig auf die Oberseite des Geräts, woraufhin die LED-Lichter aktiviert werden und Google Home für Sprachanweisungen bereit ist.

6. Die LED-Lichter

Die LED-Lichter an der Oberseite des Geräts geben Ihnen visuelles Feedback über die verschiedenen Prozesse, die Google Home ausführt. Im Folgenden wird aufgelistet, welche Aktionen von welchen LED-Mustern begleitet werden:

Allgemeine Aktionen

- Die LED-Lichter drehen sich im Uhrzeigersinn und blinken: Reaktion auf den Aktivierungssatz.

- Die LED-Lichter drehen sich im Uhrzeigersinn: Verarbeitung eines Sprachbefehls.

- Die LED-Lichter blinken: Das Gerät beantwortet Ihre Anfrage.

- Die LED-Lichter leuchten orange: Die Mikrofone sind deaktiviert.

Während des Setups

- Vier weiße LED-Lichter blinken: Zur Einrichtung des Assistenten bereit.

- Vier blaue LED-Lichter blinken: Zur Verifizierung des Assistenten bereit.

- Ein weißer Lichtring baut sich auf: Google Home verbindet sich mit Ihrem WLAN-Netzwerk.

- Sechs weiße LED-Lichter drehen sich im Uhrzeigersinn: Installationsmodus.

System

- Weiße und mehrfarbige LED-Lichter drehen sich und blinken: Google Home führt einen Neustart durch.

- Countdown von orangen LED-Lichtern: Google Home führt einen Systemneustart durch.

Andere Situationen

- Weiße, pulsierende LEDs: Alarm ist aktiviert.

- Weiße, sich bewegende LEDs: Timer ist aktiviert.

- Ein weißes LED leuchtet: Der Ton ist deaktiviert.

- 1–10 LED(s) leuchten: Die Lautstärke ist auf 1–10 gestellt.

- Sechs statische LEDs leuchten orange: Error-Meldung.

7. Sprachbefehle

Durch die national wie international sehr gute Vernetzung von Google ist Ihr Google Home bezüglich Wissensfragen ein echtes Talent und wird nach dem Erwerb mit jeder Aktualisierung ein bisschen schlauer. So kann der digitale Sprachassistent beispielsweise zahlreiche Alltagsfragen beantworten, lokale wie internationale Informationen liefern, Wörter in verschiedenen Sprachen übersetzen, definieren und buchstabieren, Rechnungen sowie Einheiten kalkulieren. Ebenso ist Google Home dank der Einbindung von Google Maps für Verkehrswege und Entfernungen prädestiniert, wovon beispielsweise die Auskunft über Ihren täglichen Weg zur Arbeit profitiert.

Sie werden feststellen, dass der Google Assistant sogar in der Lage ist, Zusammenhänge zwischen einzelnen Fragen zu erkennen. Wenn Sie beispielsweise fragen, wer der Präsident der Vereinigten Staaten ist, wird Ihnen das Gerät die Antwort "Donald Trump" liefern. Wenn Sie danach fragen, wie alt er ist, wird Google Home anhand der vorherigen Frage richtig ableiten, dass sich das "er" auf Donald Trump bezieht und ihnen die korrekte Antwort nennen. Auch weitere Folgefragen dieser Art wird das Gerät korrekt beantworten.

Dieses Feature ermöglicht natürlichere Konversationen mit Google Home und lässt ähnliche Sprachassistenten hinter sich.

Sprachbefehle: **OK Google ...**

Generelle Sprachbefehle

... stopp.
... pause.

... weiter/fortsetzen.

... wiederhole das.

... lauter/leiser.

... Lautstärke auf 5/50 %.

Termine

... was steht in meinem Kalender?

... was steht heute an?

... wann ist morgen mein erster Termin?

... welche Termine habe ich am 1. Dezember?

... wecke mich morgen um 5 Uhr auf.

... stelle meinen Alarm wochentags auf 6 Uhr ein.

... wie lange ist mein Weg zur Arbeit?

... stelle meinen Timer auf 15 Minuten.

Informationen

... wer hat das heutige Fußballspiel gewonnen?

... wann spielt der FC Bayern München als nächstes?

... wann ist das nächste Deutschlandspiel?

... wann ist Sonnenaufgang?

... wie viel Uhr ist es?

... wer ist der Präsident der Vereinigten Staaten?

... wie ist das Wetter in Hildesheim?

... wird es morgen regnen?

... was ist in den Nachrichten?

... welche Sportnachrichten gibt es?

... wie groß ist Michael Jordan?

... wer ist der schnellste Mensch der Welt?

... wer ist Abraham Licoln?

... wie heißt die Hauptstadt von Kroatien?

... wie alt ist Robert Smith von der Band "The Cure"?

... wie weit ist der Mond von der Erde entfernt?

... wie viele Kalorien hat ein Apfel?

Rechnen

... was ist 15 mal 18?
... was ist 20 % von 120?
... was ist die Quadratwurzel aus 84?

Währungen umrechnen

... wie viel Euro ist ein Pfund wert?
... wie viel Euro ist eine Dänische Krone wert?

Film und Kino

... in welchen Filmen spielt Robert de Niro mit?
... in welchem Kino läuft "Planet der Affen 3: Survival"?
... wie lang ist der Film "Das Appartement"?
... welche Filme hat Stanley Kubrick gedreht?
... wie alt ist Judy Andrews?

Finanzen

... wie steht der DAX?
... wie hoch ist der Börsenwert von Apple?

Einheiten umrechnen

... was sind 2 Tage in Minuten?
... wie viele Liter sind 2 Gallonen?
... was sind 20 Hektoliter in Liter?
... was sind 3 Tonnen in Kilogramm?
... wie viel Kilometer sind 4 Meilen?

Wörterbuch

... was heißt "danke" auf Spanisch?
... was bedeutet Hydraulik?
... wie buchstabiert man Akquisition?

Lokale Informationen

... wo ist die nächste Bäckerei?
... wann macht der nächstgelegene Supermarkt zu?
... wie ist die Telefonnummer der nächstgelegenen Apotheke?

Einkaufen

... setze Butter auf meine Einkaufsliste.
... lösche Milch von meiner Einkaufsliste.
... was steht auf meiner Einkaufsliste?

Ernährung

... wie viele Ballaststoffe sind in Reis enthalten?
... wie viel Zucker ist in einer Cola enthalten?

Flugreiseauskünfte

... suche Flüge nach (Land/Stadt).
... suche Flüge mit (Fluggesellschaft).
... wann ist der nächste Flug nach (Land/Stadt)?
... wie viel kosten Flüge nach (Land/Stadt)?
... ich möchte einen Flug am 2. November nach (Land) nehmen.
... Rückflug am 03. November/am nächsten Tag.
... mein nächster Flug.

... mein Flug im (Monat).
... wann ist mein nächster Flug?
... ist mein Flieger pünktlich?
... hat mein (Fluggesellschaft)-Flug Verspätung?

Feiertage

... wann ist (Feiertag)?
... wie viele Tage sind es bis (Feiertag)?

Aktivitäten

... suche nach Aktivitäten in (Stadt).
... Aktivitäten in (Stadt).

Unterhaltung

... spiele Musik ab.
... spiele Rockmusik.
... spiele Punkmusik von YouTube.
... nächstes Lied.
... spiele 1Live Radio.
... erzähl mir einen Witz.
... erzähl was Lustiges.
... bring mich zum Lachen.
... mir ist langweilig.
... singe ein Lied.
... drehe das Rad.
... erzähl mir was Interessantes.
... mach mir ein Sandwich.

Spiele

... spiele Lucky Trivia.

... spiele Crystal Ball.

... spiele MadLibs.

... starte Triviatschi.

... spiele das Spiel mit dem Namen "John".

Spaß und kulturelle Referenzen

OK Google ...

... was hälst du von Alexa?

... was hälst du von Siri?

... was sind die drei Roboterwahrheiten?

... sprich wie Yoda.

... lass uns Spaß haben.

... welche Easter Eggs gibt es?

... ist dein Kühlschrank an?

... ich langweile mich.

... wie macht eine Kuh?

... nenn mir eine unterhaltsame Info.

... was ist der Sinn des Lebens?

... wie lautet mein Name?

... wo bin ich?

... woran denkst du?

... mach mir ein Sandwich.

... wie alt bist du?

... was ist deine Aufgabe?

... Hodor.

... der Winter naht.

... stelle den Phaser auf Töten.

... beam me up, Scotty.

... Sie wollen die Wahrheit?

... öffne das Schleusentor.

... do a barrel roll.

... bist du HAL?

... bist du SkyNet?

... bist du 'Her'?

... willst du einen Schneemann bauen?

... nutze die Macht.

... möge die Macht mit dir sein.

... ich bin dein Vater.

... bevorzugst du Star Trek oder Star Wars?

... was sagt der Fuchs?

... wie macht die Kuh?

... wo ist Walter?

... belle wie ein Hund.

... gib mir ein Zitat.

... lies ein Gedicht vor.

... kannst du rappen?

... singe ein Lied.

... singe "Happy Birthday".

... was ist dein Lieblingslied?

... was denke ich gerade?

... Sein oder Nichtsein?

... hast du gepupst?

... wo ist Carmen Sandiego?

... was ist die erste Regel des Fight Club?

... bevorzugst du Android oder iPhone?

... willst du die Weltherrschaft an dich reißen?

... kannst du lachen?

... kannst du mir bei den Hausaufgaben helfen?

... überrasche mich.

... ich habe Hunger.

... hast du Hunger?

... mir ist kalt.

... ich bin müde.

... wirst du jemals müde?

... magst du mich?

... ich liebe dich.

... willst du mich heiraten?

... was ist deine Aufgabe?

... hast du eine Familie?

... wer ist dein Chef?

... willst du ein Nickerchen machen?

... bist du reich?

... wer sind deine Vorfahren?

... wann wurdest du geboren?

... hast du ein Haustier?

... who let the dogs out?

... warum ist das Huhn über die Straße gegangen?

... welchen Nachtisch magst du?

... was ist deine Lieblingsfarbe?

... wie viel hast du gekostet?

... wirf eine Münze.

... trainierst du gern?

... was trinkst du gern?

... was hast du an?

... bist du heiß?

... nenn mich Daddy.

... wie heiße ich?

... lass uns tanzen gehen.

... hast du Gefühle?

... stehst du auf Partys?

... warst du auch mal klein?

... hast du Angst im Dunkeln?

... was ist dein Lieblingsobst?

... was macht dich wehmütig?

... schlaf.

8. Basisfunktionen

•   **Lautstärke**

Kontrollieren Sie die Lautstärke Ihres Geräts mit Ihrer Stimme. Die eingestellte Lautstärke wird die Wiedergabe des Google Assistant, den Wecker und den Timer beeinflussen. Sie können die Lautstärke entweder mit Ihrer Stimme regeln oder manuell mit Ihrem Finger an der Oberfläche des Geräts drehen. Wenn Sie an der Oberseite des Geräts im Uhrzeigersinn wischen, erhöhen Sie die Lautstärke, während eine Wischbewegung gegen den Uhrzeigersinn die Lautstärke verringert.

Sprachbefehle: **OK Google ...**

... mach lauter (10 %).
... mach leiser (-10 %).
... stelle die Lautstärke auf 5 (1–10).
... stelle die Lautstärke auf 60 % (1–100).
... maximale Lautstärke (10/100 %).
... minimale Lautstärke (1/1 %).
... erhöhe/verringere die Lautstärke um 20 %.
... wie ist die Lautstärke?

•   **Wecker**

... stelle den Wecker auf 7 Uhr morgens.
... stelle den Wecker "Aufwachen" auf 7 Uhr morgens.
... stelle den Wecker für Mittwoch auf 7 Uhr.
... brich den Wecker ab.
... stoppe den Wecker (während des Klingelns).
... Schlummern.

... Schlummerfunktion für 5 Minuten.

... wie ist mein Wecker eingestellt?

... wann klingelt der Wecker am Montag?

- **Timer**

Der in Google Home integrierte Timer eignet sich hervorragend als Küchenhilfe beim Kochen und Backen, für sportliche Aktivitäten, Spiele oder die Wäsche.

Sprachbefehle: **OK Google ...**

... stelle den Timer auf 15 Minuten.

... wie viel Zeit bleibt beim Timer übrig?

... brich den Timer ab.

... stoppe den Timer (stoppt einen klingelnden Timer).

... pausiere den Timer.

... setze den Timer fort.

Wenn Sie Ihren Timer manuell abspielen, pausieren bzw. stoppen wollen, drücken Sie einmal kurz auf die Oberseite des Geräts.

Anmerkung: Momentan ist es nicht möglich, die Töne Ihres Weckers oder Timers zu ändern.

- **Mikrofone aus- und einschalten**

Wenn Sie den Betrieb von Google Home für eine unbestimmte Zeit unterbrechen möchten, ohne das Gerät ganz vom Stromnetz zu trennen, drücken Sie auf die Schaltfläche der Stummtaste. Daraufhin werden die Mikrofone von Google Home deaktiviert. Mit einem erneuten Druck auf die Stummtaste reaktivieren Sie die

Mikrofone wieder und können wie gewohnt Sprachbefehle anwenden.

- **Radio hören**

Mit Google Home ist es Ihnen binnen Sekunden möglich, auf sämtliche terrestrische, Internet- sowie Satellitenradiosender zuzugreifen. Ihr Sprachbefehl muss dafür lediglich den Namen oder die Frequenz des jeweiligen Radiosenders beinhalten.

Sprachbefehle: **OK Google ...**

... spiele 1Live ab.
... spiele MDR JUMP ab.
... spiele 88,8 ab.
... Pausieren/Fortsetzen/Stopp.
... was läuft da gerade?
... stelle die Lautstärke auf 6/60 %.
... spiele WDR2 auf meinem (Name des Geräts) ab. (spielt einen Radiosender auf Fernsehern oder Boxen mit integriertem Chromecast ab)

- **Musik hören**

Öffnen Sie das Menü Ihrer Home-App und tippen Sie auf die Kategorie Musik, um die verfügbaren Musikdienste aufzulisten. Dazu gehören beispielsweise Google Play Music, Deezer und Spotify. Wenn Sie einen Musikdienst markieren, wird er dadurch zu Ihrem Standard-Musikdienst.
Beachten Sie, dass für das Abspielen der Musikdienste sowohl eingeschränkter Service für Free-Nutzer als auch ein kostenpflichtiges Premium-Konto zur Auswahl stehen.

- **Google Play Music**

Google Play Music ist Googles hauseigener Streamingdienst und der standardisierte Musikdienst, mit dem Ihr Google-Konto automatisch bei der Einrichtung von Google Home verknüpft wird. Die Anmeldung erfolgt kostenlos. Wenn Sie ein Standardkonto einrichten, können Sie bis zu 50.000 Songs von Ihrem Computer hochladen. Mit zusätzlichen Leistungsangeboten für 9,99 Euro können Sie jeden Song streamen, der im Google Play Katalog vorhanden ist.

Anmerkung: Musik, die Sie bei Google Play Musik hochgeladen oder gekauft haben, kann aktuell nicht auf direktem Weg via Google Home wiedergeben werden. Sie können jedoch Ihre Musik einer Playlist hinzufügen und diese Playlist dann abspielen. Sagen Sie dafür einfach "OK Google, spiele die Playlist (Name der Playlist) ab".

- **Spotify**

Spotify gehört mit über 40 Millionen Abonnenten zu den größten Streamingdiensten weltweit. Wenn Sie noch keinen Account angelegt haben, müssen Sie sich erst bei Spotify registrieren. Danach steht für alle Neukunden ein 30-tägiges Probe-Abo zur Verfügung.
Wenn Sie Spotify auf längere Sicht mit Google Home nutzen möchten, gibt es mit Spotify Free eine kostenlose Option. Dabei können Sie auf den vollständigen Musikkatalog zurückgreifen, der rund 30 Millionen Titel (Musik, Podcasts, Hörbücher) umfasst, müssen allerdings mit Werbung zwischen den Musiktracks und einer geringeren Audioqualität von 128 kbps auskommen.
Möchten Sie lieber auf Werbeeinblendungen verzichten, steht ein Bezahlabo in Form eines Premium-Accounts

(9,99 Euro/Monat) zur Auswahl. Dafür können Sie zusätzlich Musik offline hören, eigene Musik importieren und eine verbesserte Soundqualität von 320 kbps genießen.

Sprachbefehle für die Musikwiedergabe: **OK Google ...**

... spiele Musik (Google wird daraufhin ein beliebiges Lied Ihres Standard-Musikdienstes starten).

... spiele (Name des Lieds).

... spiele (Name des Lieds) von (Name des/r Künstlers/Musikgruppe).

... spiele (Name des Lieds) auf (Name des Musikdienstes) ab.

... spiele meine Bibliothek/meine Titel (Name des Musikdienstes) ab.

... spiele den Podcast (Name des Podcasts) ab.

... nächste Folge/vorherige Folge (des Podcasts).

... spiele Neuerscheinungen ab.

... spiele meine Playlist (Name der Playlist) ab.

... spiele (Name von Album).

... spiele Rock/Rap/klassische/romantische Musik.

... spiele Musik zum Kochen.

... Pause/Stopp.

... Fortsetzen/Weiter.

... Überspringen/Nächstes/nächstes Lied.

... spule das Lied (Zeitdauer) Sekunden vor.

... spiele dieses Lied noch einmal/wiederhole das Lied.

... was spielst du gerade?

... dieser Titel gefällt mir/gefällt mir nicht.

... Daumen hoch/runter.

... Zufallsmix.

... stelle die Lautstärke auf 8/stelle die Lautstärke auf 80 %.

- **Eine Bluetooth-Verbindung starten**

Seit dem Update von August 2017 ist es möglich, das eigene Smartphone via Bluetooth mit Google Home zu koppeln, um beispielsweise gespeicherte Musik, Podcasts und private Playlisten über den Lautsprecher von Google Home abzuspielen. Um Ihre Geräte zu koppeln, gilt es zunächst, die Bluetooth-Verbindung in Ihrem Smartphone zu aktivieren.

Bluetooth-Verbindung mit dem Smartphone aktivieren

1. Öffnen Sie die Einstellungen Ihres Smartphones und tippen Sie auf **Bluetooth**.

2. Aktivieren Sie Bluetooth, indem Sie den Schieberegler nach rechts schieben.

3. Wenn Sie nun auf das Google-Home-Gerät tippen, das sie koppeln möchten, wird eine Verbindung hergestellt.

Variante 1: Eine Bluetooth-Verbindung mit der Home-App herstellen

Wenn eine Bluetooth-Verbindung in Ihrem Smartphone aktiv ist, können Sie ebenso die Home-App benutzen, um Ihre Geräte zu koppeln.

1. Öffnen Sie die Home-App und tippen Sie rechts oben auf **Geräte**.

2. Tippen Sie auf das Google-Home-Gerät, das Sie koppeln möchten.

3. Gehen Sie rechts oben bei der Gerätekarte auf das

Gerätekartenmenü > Einstellungen > Gekoppelte Bluetooth-Geräte > Kopplungsmodus aktivieren.

Variante 2: Eine Bluetooth-Verbindung per Sprachbefehl herstellen

Als Alternative können Sie Google Home auch ganz einfach per Sprachbefehl dazu anleiten, sich mit Ihrem Smartphone zu koppeln beziehungsweise zu entkoppeln.

Sprachbefehle: **OK Google ...**

... stelle eine Verbindung her.
... stelle eine Bluetooth-Verbindung her.
... trenne die Verbindung.
... trenne die Bluetooth-Verbindung.

Eine bestehende Bluetooth-Verbindung deaktivieren

1. Öffnen Sie die Home-App und tippen Sie rechts oben auf **Geräte**.

2. Tippen Sie auf das Google-Home-Gerät, das Sie koppeln möchten.

3. Gehen Sie rechts oben bei der Gerätekarte auf das Gerätekartenmenü > Einstellungen > Gekoppelte Bluetooth-Geräte.

4. Klicken Sie auf das **X** neben dem Gerät, das Sie entkoppeln möchten und bestätigen Sie den Vorgang mit **Entkoppeln**.

- **Privatsphäre und Datenschutz**

Die Technologie des Google Assistant ist auf Ihren Sprachbefehl angewiesen und hört deswegen bei Betrieb jede Konversation im Raum mit. Aufgezeichnet auf den Servern des Herstellers werden die Gespräche allerdings erst, wenn die Aktivierungswörter "OK Google" vernommen wurden. Und obwohl andere Hintergrundgeräusche so gut wie möglich herausgefiltert werden, landen Ihre persönlichen Interaktionen mit dem Sprachassistenten unweigerlich in der Datenbank von Google.

Gleichwohl steht es Ihnen jederzeit zu, die gesammelten Daten, welche wie Protokolle aufgelistet sind, einzusehen. Mittels der Home-App können Sie all Ihre aufgezeichneten Spracheingaben einzeln aufrufen und verwalten.

Tippen Sie dafür im Startbildschirm der App auf das **Menüsymbol > Weitere Einstellungen** > Tippen Sie auf die **drei Punkte > Meine Aktivitäten**. Daraufhin erscheint eine Liste, wo Sie auf sämtliche abgespeicherten Interaktionen mit dem Gerät zugreifen können.

Eine Aktivität löschen:

1. Tippen Sie unter **Meine Aktivitäten** auf die Option **Mehr** und danach auf **Einzelansicht**.

2. Wählen Sie für die Aktivität, die Sie löschen möchten, die Option **Mehr** und dann **Löschen** aus.

Mehrere Aktivitäten löschen:

1. Tippen Sie unter **Meine Aktivitäten** auf die Option **Mehr** und danach auf **Gruppierte Ansicht**.

2. Wählen Sie für die Gruppe, die Sie löschen möchten, die Option **Mehr** und dann **Löschen** aus.

Anmerkung: Auf Mobilgeräten können Sie zusätzlich eine Aktivität oder einen Bereich von mehreren Aktivitäten entfernen, indem Sie diese nach rechts wischen. Einmal gelöschte Aktivitäten lassen sich nicht wiederherstellen.

Nutzung von Google Home von mehreren Personen

In Ihrem Haushalt können belieb viele Personen Google Home nutzen – eine komplizierte Spracherkennung fällt dabei weg. Zu einer verantwortungsbewussten Nutzung mit Google Home gehört daher auch, dass Sie andere Nutzer des Gerätes, also Familienmitglieder, Freunde oder Gäste, über die Eigenschaften des Google-Home-Geräts grundlegend aufklären und gegebenenfalls Sprachaufnahmen löschen.

- **Stimmerkennung (Voice Match)**

Mit der neuen Funktion Voice Match ist Google Home in der Lage, Ihnen per Stimmerkennung personalisierte Informationen, Kalendereinträge, persönliche Routen und Playlists liefern zu können. Dies ist besonders für Haushalte praktisch, in denen mehrere Personen Google Home nutzen. So können bis zu 6 Personen ihr Google-Konto und ihre Stimme auf ein einziges Google-Home-Gerät vereinen.

Sämtliche Nutzer, die Ihre personalisierten Informationen mit einem Google-Home-Gerät verknüpfen möchten, müssen folgende Schritte durchführen:

1. Öffnen Sie die Home-App auf Ihrem Smartphone und stellen Sie sicher, dass Sie dasselbe WLAN-Netzwerk nutzen wie das Google-Home-Gerät. Ebenso sollten Sie das Google-Konto nutzen, das Sie mit einer Stimmerkennung verbinden möchten. Falls Sie Ihr Google-Konto wechseln möchten, tippen Sie auf das **Dreieck** neben dem Kontonamen.

2. Tippen Sie oben rechts auf das Feld **Geräte** und wählen Sie das Google-Home-Gerät aus, das Sie mit Ihrer Stimme verbinden möchten.

3. Tippen Sie auf das blaue Feld mit dem Label **Ab sofort für mehrere Nutzer verfügbar** oder **Konto verknüpfen**. Bestätigen Sie Ihre Auswahl mit **Weiter**.

4. Folgen Sie den weiteren Anweisungen auf dem Bildschirm. Während des Prozesses werden Sie aufgefordert, zweimal "OK Google" und zweimal "Hey Google" in das Gerät einzusprechen.
Schließlich können Sie mit der Option **Einladen** weitere Personen dazu aufrufen, sich per Stimmerkennung mit dem Google-Home-Gerät zu verbinden, um persönliche Ergebnisse zu erhalten. Wenn Sie niemanden einladen möchten, können Sie den Schritt mit **Nein, danke** überspringen.

5. Das Google-Home-Gerät sollte nun in der Lage sein, Ihre Stimme zu erkennen. Testen Sie es ruhig aus. Falls das Ergebnis unzureichend sein sollte, können Sie die Stimmerkennung mit der Option **Stimmerkennung noch mal trainieren** erneut starten.

Anmerkung: Wenn Sie persönliche Musik- sowie Videodienste nutzen möchten, müssen Sie diese Dienste ebenfalls mit Ihrem Konto verknüpfen.

9. Die Google-Home-App

Mit der Home-App können Sie auf alle Optionen Ihres Geräts zugreifen, um Google Home ganz nach Ihren persönlichen Vorlieben einzurichten und die beste Leistung zu erzielen.

• **Google-Assistant-Einstellungen**

Musik
Der High-Excursion-Lautsprecher von Google Home verwandelt Ihr Gerät in Handumdrehen zu einer smarten Musikanlage. Mit Hilfe dieser Option können Sie Ihren gewünschten Standard-Musikdienst bestimmen. Zu den verfügbaren Diensten gehören Google Play Music, Deezer und Spotify.

1. Öffnen Sie in Ihrer Google-Home-App das Menü und klicken Sie auf **Musik**.

2. Tippen Sie auf das Optionsfeld links neben dem Dienst. Markieren Sie den gewünschten Musikdienst. Während Google Play Music automatisch mit Ihrem Gerät verbunden werden kann, benötigen Sie einen zusätzlichen Account, um auf weitere Musikdienste wie etwa Spotify zugreifen zu können.

3. Um einen anderen Musikdienst auszuwählen, tippen Sie auf **Verknüpfung aufheben** unter dem markierten Musikdienst.

Steuerung von Smart-Home-Geräten
Hier regeln Sie sämtliche Elemente Ihres Smart-Home-Bereichs. Mehr Informationen darüber erhalten Sie im

Kapitel **Ihr Smart Home**.

Nachrichten

Hier können Sie eine Liste mit Nachrichtendiensten für Ihre tägliche Zusammenfassung anlegen. Dadurch, dass Sie das Gleichheitszeichen rechts neben einer Nachrichtenquelle halten und verschieben, können Sie die Reihenfolge Ihrer Nachrichten nach oben und unten verändern.

Wenn Sie eine neue Nachrichtenquelle für Ihre Liste hinzufügen möchten, tippen Sie auf der rechten Seite auf **Anpassen**. Im Anschluss tippen Sie auf das Kästchen rechts neben dem Nachrichtendienst, den Sie hinzufügen möchten.

Die Nachrichten werden dabei in folgende Kategorien unterteilt: Allgemeine Nachrichten, Wirtschaft, Technologie, Naturwissenschaften, Sport, Gesundheit, Weltweit, Kunst und Lifestyle, Politik und Unterhaltung.

Sprachbefehle: **OK Google ...**

... was gibt es Neues?

... nenne mir die Nachrichten.

... bring mich auf den neuesten Stand.

... ich möchte Nachrichten hören.

... Sportnachrichten abspielen.

... spiele Nachrichten bei Deutschlandradio ab.

... was gibt es Neues im Bereich Sport/Gesundheit/Politik?

... stoppe/beende (die Nachrichten).

... pausiere (die Nachrichten).

... fortsetzen/weiter abspielen.

... weiter/nächster Nachrichtenbeitrag.

... was läuft da gerade?

Mein Tag

Dieses Feature erlaubt Ihnen, eine persönliche Zusammenfassung für Ihre Morgenroutine zu erstellen. Diese persönliche Zusammenfassung kann folgende Inhalte umfassen:

- **Wetteraussicht für Ihren lokalen Standort**

Bearbeiten: Menü > Weitere Einstellungen > Tippen Sie unter **Geräte** auf Ihr Google-Home-Gerät > Geräteadresse. Geben Sie die Adresse Ihres Google Home an.

- **Verkehrsübersicht für Ihre Pendelstrecke zur Arbeit**

Bearbeiten: Menu > Weitere Einstellungen > Scrollen Sie zum Abschnitt **Google-Kontoeinstellungen** und tippen Sie auf **Persönliche Daten** > Private und geschäftliche Adressen. Dort können Sie sowohl Ihre private als auch Ihre geschäftliche Adresse eintippen.
Wenn Sie eine Adresse bearbeiten möchten, tippen Sie einfach auf die aktuelle Adresse und geben Sie eine neue ein.
Wenn Sie die aktuelle Adresse entfernen möchten, tippen Sie auf das **X** neben der Adresse.

- **Ihre nächsten Termine laut Google Kalendar**

Der Kalender ist mit dem Konto verknüpft, welches Sie bei der Einrichtung von Google Home verwendet haben.

- **Erinnerungen**

Da Sie Erinnerungen zum aktuellen Zeitpunkt weder per Sprachbfehl noch via Home-App anlegen können, müssen Sie diese bereits in der Google-Inbox-App, der Google-App oder der Google-Kalender-App eingerichtet haben. Wenn dies erfolgt ist, können Sie sich Ihre Erinnerungen mit dem Sprachbefehl "OK Google, erzähl mir von meinem Tag" anhören.

Zusätzlich können Sie festlegen, ob Sie am Ende der Zusammenfassung Ihre persönlichen Nachrichten hören möchten.
Um Ihre Nachrichten einzubinden, tippen Sie einfach auf das Optionsfeld neben **Nachrichten**. Wenn Sie Ihre Nachrichten nicht abhören wollen, tippen Sie auf das Optionsfeld neben **Sonst nichts**.

Sprachbefehle für die Tagesübersicht: **OK Google ...**

... erzähl mir von meinem Tag.
... guten Morgen.

 Spezifische Fragen zum Verkehr: **OK Google ...**

... wie lange dauert meine Pendelstrecke?
... wie lange wird es dauern, zur nächsten Tankstelle zu fahren?
... wie lange wird es dauern, von der Arbeit zur nächsten Drogerie zu kommen?
... gibt es Stau auf dem Weg nach Frankfurt?
... wie lange brauche ich zu (Supermarkt)?
... wie lange brauche ich zu Fuß/mit dem Zug/mit dem Bus/ mit dem Fahrrad zu (Standort)?

Wenn Sie Google Home im Voraus sagen, wo Sie mit Ihrem Auto geparkt haben, können Sie zu einem späteren Zeitpunkt danach fragen. Voraussetzung ist, dass Sie Ihren Standort auf

Ihrem Smartphone einschalten, damit der Assistant Ihnen weitere Informationen darüber geben kann, wo Sie geparkt haben.

Sprachbefehle (Informationen): **OK Google ...**

... ich habe mein Auto in der Tiefgarage geparkt.
... ich habe mein Auto auf der zweiten Etage geparkt.
... ich habe mein Auto auf Platz F2 geparkt.
... mein Parkplatz ist F2.

Sprachbefehle (Auskunft): **OK Google ...**

... wo ist mein Auto?
... wo habe ich geparkt?

Spezifische Fragen zum Wetter: **OK Google ...**

... wie ist das Wetter?
... wie ist das Wetter in Frankfurt?
... wie wird morgen das Wetter?
... wird morgen die Sonne scheinen?
... wird es am Wochenende regnen?
... ist es windig draußen?
... wieviel Grad wird es morgen?

Spezifische Fragen zu lokalen Geschäften: **OK Google ...**

... wo ist die nächste Bäckerei?
... welcher Supermarkt ist derzeit geöffnet?
... wann schließt Edeka heute?
... suche ein asiatisches Restaurant.
... suche die Adresse einer nahegelegenen Apotheke.
... wie ist ihre Telefonnummer?

Spezifische Fragen zu Ihren Terminen: **OK Google ...**

... wann ist mein erster Termin heute?
... wo findet mein nächstes Event statt?
... was steht für Montag an?
... liste meine Termine für den 1. Dezember auf.

Anmerkung: Damit Sie "Mein Tag" verwenden können, muss die Option **Persönliche Ergebnisse** aktiviert sein.

Bearbeiten: Menü > Weitere Einstellungen > Tippen Sie unter **Geräte** auf Ihr Google-Home-Gerät > Schieben Sie den Schieberegler bei **Persönliche Ergebnisse** nach rechts.

Fernsehen und Boxen

Mit dieser Option können Sie Ihre Audiodateien auf externen Geräten wie Lautsprechern und Fernsehern abspielen. Sie müssen dafür nur sicherstellen, dass Ihre Geräte Chromecast unterstützen und dasselbe WLAN-Netzwerk wie Google Home nutzen.

Setup

1. Öffnen Sie in Ihrer Home-App das Menü und klicken Sie auf **Weitere Einstellungen**, dann auf **Fernsehen und Boxen**.

2. Wählen Sie rechts oben auf dem Bildschirm die Option **+** aus. Die App wird daraufhin nach Geräten mit Sprachunterstützung in Ihrer Umgebung suchen.

3. Aktivieren Sie das Kästchen rechts neben Gerätenamen. Wählen Sie **Hinzufügen** aus, um den Vorgang abzuschließen.

Anmerkung: Sie können den Geräte-Zugriff für Google Home erleichtern, indem Sie simple Namen für Ihre Geräte verwenden.

Sprachbefehle: **OK Google ...**

... spiele mit Google Play Music (Künster/Band) auf (Name des Geräts).
... pausiere/stoppe/fortsetzen (Name des Geräts).

Verknüpfung eines Geräts aufheben: Tippen Sie rechts oben auf dem Startbildschirm auf die Fläche **Geräte** > Tippen Sie auf **Verknüpfte Geräte** > Tippen Sie auf das **X** neben dem Gerät, welches Sie nicht mehr mit Google Home verknüpfen möchten.

Einkaufsliste

Mit dieser Option können Sie Artikel, Aufgaben oder Ideen hinzufügen oder entfernen. Sie können beliebig viele Listen anlegen, welche im Bereich Ihre Listen angezeigt werden. Alle Artikel, die von Ihnen via Sprachsteuerung hinzugefügt werden, werden stets der Hauptliste hinzugefügt. Um Ihre Einkaufsliste managen zu können, muss die Option **Persönliche Ergebnisse** aktiviert sein.

Bearbeiten: Menü > Weitere Einstellungen > Tippen Sie unter **Geräte** auf Ihr Google-Home-Gerät > Schieben Sie den Schieberegler bei **Persönliche Ergebnisse** nach rechts.

Listen verwalten

1. Tippen Sie im Menü Ihrer Google-Home-App auf **Weitere Einstellungen**.

2. Tippen Sie bei **Dienste** auf das Symbol **Einkaufsliste** und anschließend auf **Menü**.

Neue Liste erstellen

1. Tippen Sie auf **Neue Liste** und geben Sie einen Namen für Ihre Liste ein.
Optional: Wenn Sie die aktuelle Liste als Hauptliste verwenden möchten, klicken Sie auf das Kästchen.

2. Tippen Sie auf **Fertig**.

Artikel von Liste entfernen

1. Wählen Sie die Liste aus, aus der Sie den Artikel entfernen möchten.

2. Tippen Sie auf den Artikel und wischen Sie nach links. Damit wird der Artikel aus Ihrer Liste gelöscht.

Liste teilen

Wenn Sie Ihre Liste mit jemandem teilen möchten, damit er sie einsehen und gegebenenfalls Artikel hinzufügen, entfernen oder kaufen soll, können Sie dies wie folgt einstellen:

1. Wählen Sie die Liste aus, die Sie mit jemandem teilen möchten. Tippen Sie dann auf die Option **Teilen**.

2. Geben Sie einen Namen oder eine E-Mail-Adresse ein oder scrollen Sie durch Ihre Kontaktlisten. Die hinzugefügte Person wird unter "Mitglieder auflisten" angezeigt.

3. Wenn Sie hiernach auf **Speichern** tippen, wird eine E-Mail an die Person gesendet. Mit dieser E-Mail kann sich die Person dafür entscheiden, Mitglied der geteilten Liste zu werden.

4. Stimmt die Person der Aufforderung zu, Mitglied der gemeinsamen Liste zu werden, müssen Sie die geteilte Liste als Hauptliste kennzeichnen, damit jeder Nutzer diese einsehen und verwalten kann.

Sprachbefehle: **OK Google ...**

... füge Butter meiner Einkaufsliste hinzu.
... füge Milch, Eier und Speck meiner Einkaufsliste hinzu.
... was steht auf meiner Einkaufsliste?

Neben der Möglichkeit, Artikel per Sprachbefehl hinzuzufügen, können Sie Ihre Listen auch manuell anlegen. Dazu wählen Sie in der Home-App eine beliebige Liste aus, tippen auf **Artikel hinzufügen** und geben den Namen des Artikels ein. Nachdem Sie auf **Fertig** gedrückt haben, wird der Artikel Ihrer Liste hinzugefügt.

Verknüpfungen

Eine Verknüpfung hilft Ihnen, lange Sprachbefehle kürzer zu fassen. Dies kann besonders im Hinblick auf oft verwendete Anweisungen sehr sinnvoll sein.

Eine Verknüpfung anlegen

1. Öffnen Sie in Ihrer Home-App das Menü und klicken Sie auf **Weitere Einstellungen**, dann auf **Verknüpfungen**.

2. Legen Sie mit **Hinzufügen** eine neue Verknüpfung an.

3. Bei "Wenn ich 'Ok Google' sage..." können Sie bis zu zwei (kurze) Befehle eingeben, welche einen tatsächlichen Befehl auslösen sollen.

Nehmen wir zum Beispiel an, dass Sie Google Home bitten möchten, einen Soundtrack abzuspielen, dafür aber nicht den langen Sprachbefehl "Spiel den Soundtrack von (Name) ab" sagen möchten. Schreiben Sie stattdessen einfach einen kurzen Befehl Ihrer Wahl in die erste Zeile, beispielsweise "Musikzeit".

Schreiben Sie weiterhin in die dritte Zeile unter "Google Assistant sollte Folgendes tun" den tatsächlichen Befehl, also "Spiel den Soundtrack von (Name) ab". Alternativ können Sie Ihre Befehle auch einsprechen, wenn Sie rechts auf das Mikrofonsymbol drücken.

4. Drücken Sie oben rechts auf **Speichern**, um Ihre Verknüpfung abzuschließen.

5. Wenn Sie nun "Ok Google, Musikzeit" sagen, wird Ihr Google Home ab sofort den gewünschten Soundtrack aus Ihrer Playlist abspielen.

Wenn Sie auf eine bestehende Verknüpfung tippen, können Sie diese selbstverständlich erneut bearbeiten, per Schieberegler deaktivieren oder mit dem Papierkorbsymbol ganz aus Ihrer Liste entfernen.

Beliebte Verknüpfungen

Neben Ihren eigenen Verknüpfungen sehen Sie in Ihrer Liste beliebte Verknüpfungen, die im Voraus angelegt wurden. Wenn Sie eine beliebte Verknüpfung antippen, können Sie sie nach Ihren Vorstellungen gestalten und die jeweiligen Sprachbefehle anpassen.

Dienste

Hier finden Sie eine Liste von verschiedenen Diensten (Fähigkeiten), mit denen Sie Ihren Google Home verknüpfen können. Dienste funktionieren für Google Home wie die Apps für das Smartphone. Sie stellen ein kompaktes oder umfangreiches Programm dar, das über das Internet heruntergeladen wird und sodann auf dem Gerät ausgeführt werden kann. Ein großes Angebot an Diensten trägt grundlegend dazu bei, die Bandbreite der Möglichkeiten Ihres Google Home massiv zu erweitern.

Jeder Dienst verfügt über eigene Nutzungsbedingungen und Datenschutzlinien. Außerdem kann es für die Nutzung einiger Dienste erforderlich sein, dass Sie ein bestehendes Konto oder ein gesondertes Abonnement verknüpfen müssen. Um auf Ihre Dienste zugreifen zu können, muss die Option **Persönliche Ergebnisse** aktiviert sein.

Bearbeiten: Menü > Weitere Einstellungen > Tippen Sie unter **Geräte** auf Ihr Google-Home-Gerät > Schieben Sie den Schieberegler bei **Persönliche Ergebnisse** nach rechts.

- Geräteeinstellungen

Alarme und Timer

Alle Infos zu Ihren Wecker- und Timer-Einstellungen finden Sie in **Kapitel 8 – Basisfunktionen**.

Name

Der Name Ihres Geräts. Falls Sie mehrere Google-Home-Geräte besitzen, ist es ratsam, Namen auszuwählen, die sich an festgelegten Räumlichkeiten orientieren. So können Sie sichergehen, dass Sie den korrekten Google Home auswählen, wenn Sie Musik über mehrere Lautsprecher abspielen möchten.

WLAN

Der Name Ihres WLAN-Netzwerks. Um mit Google Home die Produkte von Drittanbietern (beispielsweise Smart-Home-Geräte) steuern zu können, müssen sämtliche Komponenten mit demselben WLAN-Netzwerk verbunden sein.

Gastmodus

Wenn Sie diese Option nutzen, können Ihre Freunde oder Familienmitglieder auf Ihr Google-Home-Gerät zugreifen, ohne sich dafür in Ihrem WLAN-Netzwerk anmelden zu müssen.

Gastmodus einrichten

Öffnen Sie die Home-App > Geräte > Klicken Sie auf das Gerätekartenmenü > Gastmodus.
Wenn Sie den Gastmodus per Schieberegler aktivieren, erhalten Sie einen vierstelligen PIN-Code, den Sie auf dem Geräte-Bildschirm sehen. Geben Sie den Code an diejenigen weiter, die den Gastmodus nutzen möchten.

Als Gast mit Google Home verbinden

Als Gast benötigen Sie eine beliebige Internetverbindung (lokales Gastnetzwerk, mobile Datenverbindung) sowie eine Chromecast-fähige App, um sich mit dem Google-Home-Gerät des Gastgebers zu verbinden. Ferner sollten Sie über ein Betriebssystem mit Android 4.3 (oder höher) / iOS 8 (oder höher) und über eine Bluetooth-Verbindung verfügen.

Um sich mit Google Home zu verbinden, tippen Sie auf das **Cast-Symbol** und wählen Sie im Anschluss **Geräte in der Nähe** aus. Klicken Sie auf das Google-Home-Gerät des Gastgebers und folgen Sie den Anweisungen.

Um den Zugriff zu stoppen, kann der Gastmodus in der Geräteeinstellung jederzeit wieder deaktiviert werden.

Anmerkung: Wenn Sie sichergehen wollen, dass Ihren Gäste der Zugang zu Ihren privaten Informationen (Erinnerungen, Kalender) verwehrt wird, öffnen Sie die Home-App und deaktivieren Sie den Bereich **Persönliche Ergebnisse**.

Bearbeiten: Menü > Weitere Einstellungen > Tippen Sie unter **Geräte** auf Ihr Google-Home-Gerät > Schieben Sie den Schieberegler bei **Persönliche Ergebnisse** nach links, um die Option zu deaktivieren.

Bedienungshilfen

Hier können Sie einstellen, ob Ihr Google Assistant mit einem Start- und Endton auf Ihre Sprachbefehle reagieren soll.

Gekoppelte Bluetooth-Geräte

Hier können Sie via Bluetooth eine Verbindung zwischen Ihrem Smarthome und Google Home herstellen. Alle Infos zu diesem Thema erfahren Sie in **Kapitel 8 – Basisfunktionen**.

Information

Ganz unten in der App finden Sie eine Übersicht über die

aktuelle Firmwareversion Ihres Google-Home-Geräts (und des Chromecasts), den Ländercode, die MAC-Addresse sowie die IP-Adresse.

- **Zusätzliche Einstellungen für Google Home**

Geräteadresse

Der Standort Ihres Google-Home-Geräts. Wenn Sie Ihre Adresse eingetippt haben, kann Ihnen Google Home Informationen über die Zeit, den Wetterbericht und lokale Geschäfte liefern.

Persönliche Ergebnisse

Schieben Sie den Schieberegler nach rechts, um das Feature zu aktivieren. Im aktivierten Zustand geben Sie Google Home die Erlaubnis, auf Ihre privaten Daten (Einkaufsliste, Kalendar, Dienste, tägliche Zusammenfassung und Flugreiseauskünfte) zuzugreifen, um Ihnen die Informationen in diesen Bereichen zu übermitteln.

Eingeschränkter Modus für YouTube

Wenn Sie bezüglich Inhalten (Videos, Lieder) Sorge haben, welche möglicherweise für Minderjährige unangemessen sein könnten, können Sie hier den eingeschränkten Modus aktivieren. Schieben Sie dazu den Regler nach rechts. Danach sind die betreffenden Inhalte bei YouTube nicht mehr verfügbar.

Google-Assistant-Sprache

Hier finden Sie die aktuelle Sprachauswahl (Englisch,

Französisch, Deutsch) Ihres Google Assistant. Tippen Sie auf das **Pfeilsymbol**, um Ihre gewünschte Sprache einzustellen. Wenn Sie bereits einen Google-Home-Lautsprecher aus dem Ausland (beispielsweise aus Amerika) Ihr Eigen nennen, können Sie die Sprache des Google Assistant seit dem offiziellen Erscheinungstermin in Deutschland (8. August) mit dieser Option auf Deutsch umstellen.

- **Kontoeinstellungen**

Personenbezogene Daten

In dieser Sektion können Sie Ihren Spitznamen, Ihren Wohn- und Arbeitsort sowie Ihre gängige Temperaturangabe eingeben.

Spitzname (Alias): Legen Sie den Namen fest, den Google Home verwenden soll, beispielsweise für die Tagesübersicht. Sie können dafür entweder den Standard verwenden, den Namen buchstabieren oder ihn via Sprachaufnahme festlegen.

Private und geschäftliche Adresse: Geben Sie beide Adresse an, um von Google Home bei Nachfrage eine Verkehrsübersicht über Ihre tägliche Arbeitsstrecke zu erhalten.

Temperatureinheit: Wählen Sie Ihre gewohnte Temperaturangabe aus.

Meine Aktivtäten

In diesem Bereich, der wie eine Art Verlaufsprotokoll

49

gestaltet ist, können Sie die von Ihrem Google Assistant gesammelten Interaktionen verwalten.

All Ihre Interaktionen werden in Zeit, Datum, Ort und Sprachbefehl in einzelne Bereiche unterteilt. Wenn Sie auf einen Bereich klicken, können Sie sich die jeweiligen Sprachaufnahmen anhören.

So löschen Sie eine Aktivität:

1. Tippen Sie unter **Meine Aktivitäten** auf die Option **Mehr** und danach auf **Einzelansicht**.

2. Wählen Sie für die Aktivität, die Sie löschen möchten, die Option **Mehr** und dann **Löschen** aus.
So löschen Sie mehrere Aktivitäten:

1. Tippen Sie unter **Meine Aktivitäten** auf die Option **Mehr** und danach auf **Gruppierte Ansicht**.

2. Wählen Sie für die Gruppe, die Sie löschen möchten, die Option **Mehr** und dann **Löschen** aus.

Anmerkung: Auf Mobilgeräten können Sie zusätzlich eine Aktivität oder einen Bereich von mehreren Aktivitäten entfernen, indem Sie diese nach rechts wischen. Einmal gelöschte Aktivitäten lassen sich nicht wiederherstellen.

10. Ihr Smart Home

Google Home kann mehr als Musikspielen und Fragen beantworten. Es wurde, ähnlich wie Amazon Echo, ebenso dafür konzipiert, als zentrale Kontrolleinheit für Ihre Smart-Home-Geräte zu dienen. Dafür wird natürlich eine entsprechende, separat erhältliche Hardware vorausgesetzt.

Bevor Sie den Kauf eines Produkts in Erwägung ziehen, das Sie mit Google Home steuern möchten, sollten Sie zuvor sicherstellen, dass es mit Ihrem digitalen Sprachassistenten kompatibel ist. Diese Informationen lassen sich in der Regel über die Produktseite des Herstellers in Erfahrung bringen. Im Folgenden sehen Sie eine Liste mit den Herstellern, die ihre Unterstützung für Google Home bereits angekündigt haben:
Nest Thermostate, Philips Hue, Samsung SmartThings, Honeywell, Belkin Wemo, Wink, TP-Link, LIFX, Best Buy Insignia, IFTTT, Osram, Lowes Iris, Lutron Caseta, iHome, Emberlight, Leviton, Artik Cloud, iDevices (Lampen, Stecker und Schalter), NuBryte, Universal Devices (Lampen, Stecker und Schalter), Mobilinc (Lampen, Stecker und Schalter), LightwaveRF, Plum, Voice UPB Bridge, Smartika, Nanoleaf, Hive, Awair, D-Link, Wiz, Deako und Geeni.

Anmerkungen:

- Stellen Sie sicher, dass sich Ihr Smart-Home-Gerät und die dazugehörigen Apps immer mit dem neuesten Softwareupdate aktualisiert wurden.

- Stellen Sie sicher, dass Ihr Smart-Home-Gerät in dasselbe WLAN-Netzwerk wie Ihr Google Home eingebunden ist.

Verknüpfung eines Geräts aufheben: Tippen Sie rechts oben auf dem Startbildschirm auf die Fläche **Geräte** > Tippen Sie auf **Verknüpfte Geräte** > Tippen Sie auf das **X** neben dem Gerät, welches Sie nicht mehr mit Google Home verknüpfen möchten.

- **Beleuchtung**

Mit einem intelligenten Beleuchtungssystem können Sie Ihre Beleuchtung sowohl ein- als auch ausschalten beziehungsweise dimmen. Zudem können Sie spezielle Lichtkonstellationen für ausgewählte Räume einrichten, beispielsweise klare und helle Beleuchtung für die Küche oder gedimmte Beleuchtung für das Wohnzimmer.

Beispiel-Setup: Philips Hue Starter Set mit Bridge

1. Laden Sie die begleitende App von **Philips Hue** aus einem App-Store herunter und führen Sie die Installation durch.

2. Öffen Sie die Home-App und wählen Sie **Weitere Einstellungen** aus.

3. Tippen Sie dann auf **Heimsteuerung**, woraufhin sich eine Geräteliste öffnet. Um ein neues Gerät hinzuzufügen, klicken Sie unten rechts auf **Hinzufügen +**. Wählen Sie das Produkt aus, die Sie hinzufügen möchten. In unserem Beispiel müssten Sie nun **Philips Hue** auswählen.

4. Im nächsten Schritt gilt es, Google Home mit der Bridge von Philips Hue zu verbinden. Drücken Sie dazu in der Home-App unten auf **Paaren**. Halten Sie daraufhin den Knopf in der Mitte der Bridge für einige Sekunden gedrückt, um eine Netzverbindung herzustellen. Warten Sie, bis sich Google

Home mit der Bridge erfolgreich verbunden hat.

Abschließend können Sie Ihrem Produkt einen Namen geben und Räume zuweisen. Wählen Sie dafür das entsprechende Produkt aus, tippen Sie einen Namen ein und schließen Sie den Prozess mit **OK** ab.

Wenn Sie die Beleuchtung erfolgreich eingerichtet haben, drücken Sie oben rechts auf **Fertig**. Ab sofort können Sie via App und Sprachbefehl auf Ihre Beleuchtung zugreifen, sie beispielsweise ein- und ausschalten sowie die Lichtfarbe anpassen.

Sprachbefehle: **OK Google ...**

... schalte (Lichtname) ein.
... dimme (Lichtname).
... erhöhe die Helligkeit von (Lichtname).
... lege die Helligkeit von (Lichtname) auf 30 % fest.
... dimme/erhöhe die Helligkeit von (Lichtname) auf 20 %.
... ändere die Farbe von (Lichtname) zu rot/grün/gelb/blau.
... schalte das Licht in (Raumname) ein/aus.
... schalte alle Lichter ein/aus.

• **Heizungsthermostate**

Google Home bietet Ihnen die Möglichkeit, Ihre smarten Thermostate in der Wohnung per Sprachbefehl zu steuern. So ist es Ihnen möglich, die Temperatur eines bestimmten Raumes auf den Grad präzise einzustellen. Die Hersteller sind davon überzeugt, dass ihre Produkte dadurch eine gleichermaßen energieeffiziente wie komfortable Leistung für Ihre Wohnung erzielen.

Beispiel-Setup: Tado Smartes Thermostat Starter Kit (Google-Home-Unterstützung voraussichtlich ab August)

1. Schließen Sie die Internetbridge mit dem USB-Port an Ihr Stromnetz an und verbinden Sie die Bridge mit Hilfe des mitgelieferten Ethernetkabels mit Ihrem Router. Halten Sie anschließend die Pairing-Taste der Bridge für einige Sekunden gedrückt.

2. Drehen Sie die hintere Abdeckung des Heizkörper-Thermostats heraus und drücken Sie für einige Sekunden auf die Pairing-Taste, die Sie an der Oberfläche des Geräts finden. Dadurch wird das Display auf dem Heizkörper-Thermostat aktiviert.

3. Sobald das Schraubenschlüssel-Symbol auf dem Display des Thermostats erscheint, ist es mit der Bridge verbunden und bereit für die Montage. Montieren Sie gemäß der mitgelieferten Anleitung Ihr Thermostat auf einen Heizkörper.

4. Laden Sie die zugehörige App von **Tado** aus einem App-Store herunter und führen Sie die Installation durch.

5. Legen Sie sich einen kostenlosen Account an und loggen Sie sich ein.

6. Wählen Sie in der App das Produkt von Tado aus, das Sie einrichten möchten. Um ein Produkt zu registrieren, ist die Seriennummer und ein vierstelliger Code erforderlich. Beide befinden sich als Aufkleber auf dem Gerät.

7. Ist Ihr Produkt erfolgreich registriert, können Sie via App weitere Optionen vornehmen.

Tado in der Home-App aktivieren

1. Öffen Sie die Home-App und wählen Sie **Weitere Einstellungen** aus.

2. Tippen Sie dann auf **Heimsteuerung**, woraufhin sich eine Geräteliste öffnet. Um ein neues Gerät hinzuzufügen, klicken Sie unten rechts auf **Hinzufügen +**. Wählen Sie das Produkt aus, die Sie hinzufügen möchten. In unserem Beispiel müssten Sie nun **Tado** auswählen.

3. Loggen Sie sich mit Ihrem persönlichen Account ein, lesen Sie die Nutzungsbedingungen und schließen Sie den Vorgang mit **Akzeptieren** ab.

4. Abschließend können Sie Ihrem Produkt einen Namen geben und Räume zuweisen. Wählen Sie dafür das entsprechende Produkt aus, tippen Sie einen Namen ein und schließen Sie den Prozess mit **OK** ab.

Sprachbefehle: **OK Google ...**

... stelle die Temperatur auf 24 Grad.
... stelle die Temperatur in (Raumname) auf 22 Grad.
... erhöhe/verringere die Temperatur um 2 Grad.
... erhöhe/verringere die Temperatur in (Raumname) um 3 Grad.
... wie hoch ist die Innentemperatur?
... auf welche Temperatur ist das Thermostat eingestellt?

- **Smarte Steckdosen**

Smarte Steckdosen fungieren als Zwischenstation zwischen Ihrem Echo und einem am Stromnetz angeschlossenen

Gerät. Dank Echo können Sie die Geräte damit per Sprachbefehl ein- und ausschalten. Mit der dazugehörigen App ist es außerdem möglich, bestimmte Räume der Wohnung in Gruppen einzuteilen, einzelne Steckdosen mit Namen zu versehen, die Temperatur sowie den Stromverbrauch Ihrer Geräte zu überwachen – all das von Zuhause oder Unterwegs.

Beispiel-Setup: TP-LINK Smart Plug

1. Laden Sie die zugehörige App von **TP-LINK Kasa** aus einem App Store herunter und führen Sie die Installation durch.

2. Legen Sie sich einen Account an und loggen Sie sich ein.

3. Tippen Sie in der Kasa-App rechts oben auf **Hinzufügen +**.

4. Wählen Sie den **Smart Plug** als Gerät aus.

5. Schließen Sie Ihr TP-LINK-Gerät an eine Steckdose an und tippen Sie in der App auf **Weiter**. Die Lampe des Geräts wird nach 15 Sekunden damit beginnen, abwechselnd rot und grün zu blinken.

6. Loggen Sie sich anschließend mit der App in Ihr WLAN-Netzwerk ein. Bei erfolgreicher Verbindung wird die Lampe des Adapters dauerhaft grün leuchten.

7. Abschließend können Sie Ihrem Gerät einen Namen geben und einen Raum zuweisen. Ab sofort können Sie via App auf Ihre Steckdose zugreifen.

TP-LINK in der Home-App aktivieren

1. Öffen Sie die Home-App und wählen Sie **Weitere Einstellungen** aus.

2. Tippen Sie dann auf **Heimsteuerung**, woraufhin sich eine Geräteliste öffnet. Um ein neues Gerät hinzuzufügen, klicken Sie unten rechts auf **Hinzufügen +**. Wählen Sie das Produkt aus, die Sie hinzufügen möchten. In unserem Beispiel müssten Sie nun **TP-LINK Kasa** auswählen.

3. Loggen Sie sich mit Ihrem persönlichen Account ein, lesen Sie die Nutzungsbedingungen und schließen Sie den Vorgang mit **Akzeptieren** ab.

4. Abschließend können Sie Ihrem Produkt einen Namen geben und Räume zuweisen. Wählen Sie dafür das entsprechende Produkt aus, tippen Sie einen Namen ein und schließen Sie den Prozess mit **OK** ab.

Sprachbefehl: **OK Google ...**

... schalte (Name des Steckers) ein/aus.

- **Einen Fernseher mit integriertem Chromecast mit Google Home verbinden**

Wenn Ihr Fernseher über einen integrierten Chromecast verfügt, können Sie die Sprachsteuerung von Google Home für die Wiedergabe von Serien und Filmen verwenden. Aktuell ist es ausschließlich möglich, diese Videodateien via Netflix oder YouTube abzuspielen.

Setup

1. Öffnen Sie in Ihrer Home-App das Menü und klicken Sie auf **Weitere Einstellungen**, dann auf **Fernseher und Boxen**.

2. Wählen Sie rechts oben auf dem Bildschirm die Option **+** aus. Die App wird daraufhin nach sprachunterstützten Geräten in Ihrer Umgebung suchen.

3. Aktivieren Sie das Kästchen rechts neben dem Gerätenamen. Wählen Sie **Hinzufügen** aus, um den Vorgang abzuschließen.

Verknüpfung des Chromecast-Geräts aufheben: Tippen Sie rechts oben auf dem Startbildschirm auf die Fläche **Geräte** > Tippen Sie auf **Verknüpfte Geräte** > Tippen Sie auf das **X** neben dem Gerät, welches Sie nicht mehr mit Google Home verknüpfen möchten.

Anmerkung: Falls die Fehlermeldung "Fehler beim Verknüpfen des Geräts" auftaucht, ist es nötig, dass Sie die Werkeinstellungen Ihres Chromecast-Geräts zurücksetzen. Achtung: Während des Vorgangs, der nicht mehr umkehrbar ist, werden all Ihre Daten gelöscht. Wenn Sie dennoch damit fortfahren möchten, müssen Sie folgende Schritte unternehmen:

Tippen Sie auf dem Startbildschirm in der Home-App rechts oben auf die Fläche **Geräte** > Tippen Sie rechts oben bei dem Gerät, dessen Werkzustand Sie zurücksetzen möchten, auf das **Gerätekartenmenü** > Tippen Sie auf **Einstellungen** > Tippen Sie rechts oben auf die Schaltfläche **Mehr** > Wählen Sie die Option **Auf Werkzustand zurücksetzen** oder **Zurücksetzen** aus > Bestätigen Sie den Vorgang mit der

Option **Zurücksetzen.**

Sprachbefehle: **OK Google ...**

... spiele ein lustiges Katzenvideo von YouTube auf (Name des Chromecast-fähigen Geräts) ab.
... spiele Videos von (Künstler/ Musikgruppe) auf (Name des Chromecast-fähigen Geräts) ab.
... spiele (Name des Videos) von (Künstler/ Musikgruppe) auf (Name des Chromecast-fähigen Geräts) ab.
... pausiere Video auf (Name des Chromecast-fähigen Geräts).
... setze das Video auf (Name des Chromecast-fähigen Geräts) fort.
... überspringen auf (Name des Chromecast-fähigen Geräts).
... stoppe das Video auf (Name des Chromecast-fähigen Geräts).
... schalte Untertitel ein/an.
... schalte Untertitel aus/ab.
... schalte Untertitel auf (Sprache) ein/aus.

Anmerkung: Ob die gewünschte Sprache für die Audiowiedergabe sowie Untertitel verfügbar sind, kommt auf die jeweilige Videodatei an.

- **Netflix-Videos abspielen**

Systemanforderungen für iOS: Die aktuelle Version der Google-Home-App.
Systemanforderungen für Android: Die aktuelle Version der Google-Home-App und Google-App.

Netflix Setup

1. Verbinden Sie Ihr Chromecast-Gerät mit Google Home.

2. Öffnen Sie das Menü Ihrer Google-Home-App, tippen Sie auf **Weitere Einstellungen** und wählen Sie die Kategorie **Videos und Fotos** aus.

3. Wählen Sie **Netflix** aus und loggen Sie sich mit Ihrem Netflix-Konto ein.

4. Folgen Sie den Hinweisen, um den Setup abzuschließen.

Wenn Sie die Verknüpfung mit Ihrem Netflix-Konto aufheben möchten, wählen Sie unter **Videos und Fotos** die Option **Verknüpfung aufheben**.

Sprachbefehle für Videos auf Netflix: **OK Google ...**

... ich möchte (Name der Serie) bei Netflix ansehen.
... ich möchte (Name der Serie) bei Netflix auf (Name des Chromecasts) ansehen.
... nächste/vorherige Folge.
... Pause/Stopp/Fortsetzen auf (Name des Chromecasts).
... schalte Untertitel ein/aus.
... stelle Untertitel in (Sprache) ein/aus.
... spule (Zeit) vor/zurück.

Anmerkung: Ob die gewünschte Sprache für die Videowiedergabe sowie Untertitel verfügbar sind, kommt auf die jeweilige Videodatei an.

- **Google Fotos abspielen**

Mit Google Home können Sie via Sprachsteuerung Ihre persönlichen Fotos aus der Google-Fotos-Bibliothek ansehen auf einem Gerät mit integriertem Chromecast ansehen. Folgende Voraussetzungen müssen dafür erfüllt sein:

1. Schritt: Laden Sie Bilddateien auf Ihrem persönliche Google-Konto in der Kategorie "Fotos" hoch.

2. Schritt: Verbinden Sie Ihr Chromecast-Gerät mit Google Home.

3. Schritt: Schalten Sie die Option **Persönliche Ergebnisse** ein.

Bearbeiten: Menü > Weitere Einstellungen > Tippen Sie unter **Geräte** auf Ihr Google-Home-Gerät > Schieben Sie den Schieberegler bei **Persönliche Ergebnisse** nach rechts.

4. Öffnen Sie das Menü Ihrer Google-Home-App, tippen Sie auf **Weitere Einstellungen** und wählen Sie die Kategorie **Videos und Fotos aus**.

5. Schieben Sie den Regler in dem Feld Fotos nach rechts, um dieses Feature zu aktivieren. Nun können Sie die zuvor hochgeladenen Bilder Ihres Google-Kontos einsehen.

Sprachbefehle für eine Diashow Ihrer Fotos auf dem Fernseher: **OK Google ...**

... zeige mir Fotos von (Ort)/(Albumname)/(Datum)/(Dingen) auf (Name des Geräts).

Sobald die Diashow begonnen hat, können Sie diese mit folgenden Befehlen kontrollieren: **OK Google ...**

... nächste/vorherige/Pause/Fortsetzen/stoppe Fotos auf (Name des Geräts).

- **Inhalt von Chrome abspielen**

Streaming von einem Desktop-PC

Es ist Ihnen jederzeit möglich, Ihre Audiodateien (beispielsweise Ihre Lieblingslieder von Google Play Music) via Chrome-Browser von Ihrem Desktop-PC auf Ihrem Google-Home-Gerät abzuspielen. Stellen Sie dazu sicher, dass Ihr Desktop-PC dasselbe WLAN-Netzwerk nutzt wie Google Home.

1. Laden Sie den Webbrowser von Chrome herunter und aktualisieren Sie ihn mit dem neuesten Softwareupdate.

2. Nun gibt es drei Möglichkeiten, den Inhalt von Chrome auf Ihrem Google Home abzuspielen:

a. Öffnen Sie eine **Cast-fähige Webseite** und klicken Sie in der **Toolbar** von Chrome oben rechts auf das **Cast-Symbol**.

b. Öffnen Sie die **Einstellungen** in der **Toolbar** von Chrome, klicken Sie auf die Option **Cast** und wählen Sie Ihren Google Home aus.

c. Öffnen Sie einen neuen **Tab** im Chrome-Browser, klicken mit der rechten Maustaste auf die Seite und wählen Sie die Option **Cast** aus.

Verwenden Sie den Sprachbfehl "OK Google, stopp", um den das Abspielen Ihres Webbrowser-Inhalts auf Google Home zu beenden.

Streaming von einem Android-Gerät

Google Home erlaubt Ihnen ebenso, Ihre Audiodateien von einem beliebigen Android-Gerät abzuspielen. Folgende Voraussetzungen müssen dafür gegeben sein:

1. Das Abspielen von Audiodateien auf Google Home ist erst ab Android-Version 4.4.2 möglich.

2. Stellen Sie sicher, dass Ihr Android-Gerät dasselbe WLAN-Netzwerk nutzt wie Google Home.

3. Stellen Sie sicher, dass der Energiesparmodus Ihres Android-Geräts deaktiviert ist.

4. Es ist notwendig, in der App für Google Play-Dienste die Mikrofonberechtigung zu aktivieren.

Tippen Sie dafür auf Ihrem Android-Gerät auf Einstellungen > Scrollen Sie auf **Apps** > Google Play-Dienste > Berechtigungen.

5. Schieben Sie den Schieberegler nach rechts, um die Mikrofonberechtigung zu aktivieren.

Sind diese Vorraussetzungen allesamt erfüllt, spielen Sie Ihre Audiodateien von einem Android-Gerät wie folgt auf Google Home ab:

1. Öffnen Sie das Menü in der Home-App und wählen Sie die

Option **Bildschirm streamen/Audio** aus. Daraufhin wird Google Home damit beginnen, Ihre externen Audiodateien zu synchronisieren.

Wenn Sie das Streamen von Audiodateien beenden möchten, wählen Sie erneut die Option **Bildschirm streamen/Audio** aus und tippen Sie auf **Verbindung trennen**.

- **IFTTT**

IFTTT ist die Abkürzung für den englischen Wortlaut "If this – then that", was auf Deutsch "Wenn dies – dann das" bedeutet. Dabei handelt es sich um einen vielseitigen Dienst, der es Ihnen erlaubt, verschiedenste Webanwendungen mit Hilfe von voreingestellten Anweisungen auszuführen. Um dies zu erreichen, können Nutzer sogenannte "Applets" ("Rezepte") erstellen. Ein Rezept besteht aus dem "this"-Teil, genannt Trigger (Auslöser) sowie dem "that"-Teil, also der Aktion, die es auszulösen gilt.
Obwohl die Nutzeroberfläche von IFTTT ausschließlich auf Englisch eingestellt ist, gestaltet sich das Erstellen von Rezepten nach kurzer Eingewöhnungszeit recht einfach. Für ein besseres Verständnis soll im Folgenden veranschaulicht werden, wie Sie Google Home über IFTTT anweisen, eine Twitter-Nachricht von Ihrem Twitter-Konto zu verschicken.

Setup

1. Laden Sie die App von **IFTTT** aus einem App-Store (beispielsweise bei Google Play oder im Apple App Store) herunter und führen Sie die Installation durch. Ebenso können Sie auf Ihrem Computer die Internetseite IFTTT.com aufrufen und sich bei **Sign In** mit Ihrem persönlichen Account einloggen. Wenn Sie noch keinen Account besitzen, können Sie mit **Sign Up** ein kostenloses Konto anlegen.

2. Sobald Sie bei IFTTT eingeloggt sind, geht es darum, ein neues Rezept zu erstellen. Dafür gehen Sie auf Ihr **Profil** und rufen **New Applet** auf.

3. Klicken Sie im Anschluss auf das blau markierte **+ this**.

4. Bei **Choose a Service** geht es nun darum, den **Service** auszuwählen, mit dem ein Trigger (Auslöser) gestartet werden soll. Um Ihr Google-Home-Gerät als Service einzubinden, tippen Sie "Google" oder "Google Assistant" in die Suchleiste mit dem Lupen-Symbol ein. Wählen Sie den Dienst **Google Assistant** aus und verknüpfen Sie ihn anschließend mit Ihrem Google-Konto.

5. Nun gilt es, den gewünschten **Trigger (Auslöser)** auszuwählen. Ein Auslöser kann vielfältig sein. Beispielsweise können Sie es so einrichten, dass Google Home eine Aktion auslöst, wann immer Sie etwas zu Ihrer Einkaufsliste hinzufügen, löschen oder editieren, nach einem Sportergebnis fragen oder der Alarm von Google Home deaktiviert wird.
In unserem Beispiel soll es nun darum gehen, Google Home einen **Auslöser via Sprachbefehl** ausführen zu lassen. Dafür wählen Sie die Option **Say a specific phrase**. Denken Sie sich im Anschluss einen x-beliebigen Satz oder ein Signalwort aus.
Um den Auslöser zu starten, müssen Sie "OK Google, [Satz/Wort]" sagen. Da im aktuellen Beispiel Twitter-Nachrichten über IFTTT versendet werden sollen, tippen Sie hier beispielsweise das Wort "Tweet" ein und klicken danach auf **Create Trigger**.

6. Danach geht es darum, eine **Aktion** einzustellen. Klicken Sie auf das blau markierte **+ that**. Legen Sie anschließend die gewünschte Aktion fest, indem Sie "Twitter" in die Suchleiste eintippen, auf den Dienst klicken und sich mit Ihrem Twitter-Konto anmelden.

7. Um eine simple Textnachricht zu versenden, wählen Sie daraufhin **Post a Tweet** aus und tippen Ihre Nachricht in das leere Feld ein.
Wenn Sie damit fertig sind, klicken Sie auf das untere Feld **Create action**. Ihr Rezept, bestehend aus Auslöser und Aktion, ist damit fertig eingerichtet.

8. Zum Abschluss wird Ihnen bei IFTTT noch einmal angezeigt, dass Sie nun zu Ihrem Google Home "OK Google, [Tweet]" sagen müssen, um eine Nachricht mit Ihrem Twitter-Konto abzusenden.

Anmerkung: In der Sektion **My Applets** können Sie Ihre erstellten Rezepte jederzeit editieren oder löschen.

Durch die zahlreichen Anwendungen sind die Möglichkeiten von IFTTT recht vielfältig. So können Sie beispielsweise Google Home über IFTTT anweisen ...

... Ihre Smart-Home-Geräte zu steuern,

... E-Mails und SMS-Nachrichten zu verschicken,

... Tweets von Ihrem Twitter-Konto zu senden,

... Ihren Facebook-Status zu aktualisieren,

... Ihr verlegtes Smartphone klingeln zu lassen.

- **Multiroom-Gruppenwiedergabe**

Mit Google Home haben Sie die Möglichkeit, beliebige Kombinationen aus Google Home, Chromecast Audio oder Boxen mit integriertem Chromecast zu gruppieren und so dieselbe Musik an verschiedenen Orten in Ihrem Zuhause zu hören. Ihre Lieblingsmusik und -Audios von Chromecast-fähigen Apps stehen sofort zum Streamen zur Verfügung.

Anmerkung: Sämtliche Geräte, die Sie für Multiroom-Gruppenwiedergabe nutzen möchten, müssen mit dem gleichen WLAN-Netzwerk wie Google Home verbunden sein.

Eine Audiogruppe erstellen

1. Öffnen Sie Ihre Google-Home-App und tippen Sie oben rechts auf **Geräte**. Daraufhin wird sich eine Liste mit verfügbaren Audiogeräten öffnen.

2. Wählen Sie das Audiogerät aus, das Sie einer Gruppe hinzufügen möchten und tippen Sie rechts neben dem Gerät auf das **Gerätekartenmenü**. Danach klicken Sie auf **Gruppe erstellen**.

3. Geben Sie der Gruppe einen neuen Namen. Darunter sehen Sie eine Liste mit verfügbaren Audiogeräten.

4. Tippen Sie auf das Kästchen neben dem jeweiligen Audiogerät, um es hinzuzufügen oder zu entfernen. Um eine Gruppe zu erstellen, müssen mindestens zwei Audiogeräte markiert sein. Drücken Sie oben rechts auf **Speichern**.

5. Ihre Audiogeräte sollten nun miteinander verknüpft und in der App zu sehen sein. Tippen Sie auf **Boxen in der Gruppe**, um die mit der Gruppe verknüpften Audiogeräte zu sehen.

6. Zuletzt müssen Sie die Sprachsteuerung für die Gruppe aktivieren. Dafür scrollen Sie auf dem Bildschirm der App nach unten und schieben den Schieberegler nach rechts.

Anmerkung: Sie können den Namen Ihrer Gruppe oder die Anzahl der Geräte in Ihrer Gruppe jederzeit ändern.

Bearbeiten: Home > Geräte > Wählen Sie eine Gerätegruppe aus und tippen Sie rechts oben auf das **Menüsymbol** > Tippen Sie auf **Gruppe bearbeiten** > Tippen Sie auf das Kästchen neben dem jeweiligen Audiogerät, um es hinzuzufügen oder zu entfernen. Um eine Gruppe zu erstellen, müssen mindestens zwei Audiogeräte markiert sein. Drücken Sie oben rechts auf **Speichern**.

Löschen: Home > Geräte > Wählen Sie die Gerätegruppe aus, die Sie entfernen möchten und tippen Sie rechts oben auf das **Menüsymbol** > Tippen Sie auf **Löschen**.

- Sie können so viele Gruppen erstellen, wie Sie möchten. Jede Gruppe agiert dabei wie ein einzelner Lautsprecher.

Sprachbefehle für Ihre Audiogruppe: **OK Google ...**

... spiele Popmusik in (Gruppenname).
... Pause/Fortsetzen/Stopp.
... spiele das nächste Lied in (Gruppenname).
... stelle die Lautstärke auf 5/50 % (ändert die Lautstärke von lokalem Google Home).
... stelle die Lautstärke auf 5/50 % in (Gruppenname) (ändert die Lautstärke von allen Google Home-Geräten).

11. Die erweiterte Google-Home-Familie

- **Google Home Mini**

Der Google Home Mini ist ein kompaktes Gerät für all jene, die für wenig Geld (59 Euro) die vollwertigen Features des Google Assistant in Anspruch nehmen möchten. Im direkten Vergleich mit der Amazon-Echo-Reihe entspricht er damit in etwa dem Echo Dot.

Der Google Home Mini besteht aus einem abgerundeten Kunststoffgehäuse, das über einen Durchmesser von 98 mm sowie einer Höhe von 42 mm verfügt. Das mit Textil überzogene Gehäuse ist 173 g schwer und wird in drei Farbvarianten angeboten – *Kreide* (Weißgrau), *Koralle* (Orange/Rot) und *Karbon* (Anthrazit). Auf der Oberseite leuchten bis zu vier LED-Punkte auf, die sich je nach Aktion farblich ändern. Mit Hilfe der Touch-Funktion können Sie sowohl die Lautstärkeregelung manuell vornehmen als auch aktive Musikdienste pausieren oder fortführen.

An der Seite sind ein Mikrofon-Stummschalter sowie ein Micro-USB-Anschluss zur Energieversorgung integriert. Für die Unterseite wurde ein rutschfestes Silikonmaterial verwendet.

Wie das große Google-Home-Modell ist der Google Home Mini mit Hilfe von Fernfeld-Spracherkennung dazu in der Lage, Wissensfragen zu beantworten, über Wetter- und Verkehrsberichte zu informieren, Multiroom-Features anzubieten und Ihre Smart-Home-Geräte zu verknüpfen.

Wenn Sie auf Ihrem Google Home Radiosender oder Musik abspielen lassen, wird der 360°-Sound über einen 40-mm-Treiber wiedergegeben.

Aufgrund der verringerten Größe müssen jedoch Abstriche bei der Klangqualität gemacht werden. Um bessere Soundqualität zu genießen, können Sie Ihren Google Home

Mini per Cast-Option im Handumdrehen auf externe Lautsprecher streamen. Ebenso können Sie eine Bluetooth-Verbindung herstellen. Eine Verknüpfung mit einem separaten Audiokabel ist aufgrund fehlender Anschlüsse nicht möglich.

Der Google Home Mini ist kompatibel mit Android ab Version 4.4 sowie iOS ab Version 9.1.

Der Verkauf des kompakten Assistenten startet am 19. Oktober zeitgleich in Deutschland, Großbritannien, Frankreich, Amerika, Kanada und Australien.

Einrichtung

Die Einrichtung von Google Home Mini ähnelt der des Standardmodells. Alle Informationen dazu finden Sie in **Kapitel 4: Setup Google Home**.

Die LED-Lichter

Im Folgenden wird aufgelistet, welche Aktionen bei Google Home Mini von welchen LED-Mustern begleitet werden:

Allgemeine Aktionen

- Reaktion auf die Aktivierungswörter "OK Google": Die LED-Lichter blinken weiß auf.

- Verarbeitung eines Sprachbefehls: Die LED-Lichter blinken abwechselnd weiß.

- Das Gerät beantwortet Ihre Anfrage: Die LED-Lichter scheinen kontinuierlich weiß.

- Die Mikrofone sind deaktiviert: Die LED-Lichter leuchten

orange.

Während des Setups

- Zur Einrichtung des Assistenten bereit: Vier weiße LED-Lichter blinken langsam.

- Zur Verifizierung des Assistenten bereit: Vier blaue LED-Lichter leuchten.

- Google Home Mini verbindet sich mit Ihrem WLAN-Netzwerk: Die LED-Lichter blinken abwechselnd weiß auf.

System

- Google Home führt einen Neustart durch: Die LED-Lichter leuchten von links nach rechts auf (weiß oder mehrfarbig).

- Google Home führt einen Systemneustart durch: Vier orangefarbene LED-Lichter leuchten stufenweise auf.

Andere Situationen

- Alarm oder Timer ist aktiviert: Weiße, pulsierende LEDs.

- Der Ton ist deaktiviert: Alle LEDs leuchten schwach.

- Die Lautstärke ist auf 1–10 gestellt: 1–4 LED(s) leuchten.

- Error-Meldung: Zwei statische LEDs leuchten rot.

- **Google Home Max**

Der Lautsprecher Google Home Max ist mit den Maßen 336 x 190 x 154 mm und einem Gewicht von 5,3 kg deutlich wuchtiger als das Standardmodell. Durch sein rechteckiges Erscheinungsbild wirkt Google Max aus optischer Sicht wie ein handelsüblicher Lautsprecher, birgt in seinem Innern aber jede Menge Features.

Hinter dem Gehäuse aus wahlweise hellgrauem oder schwarzem Textilfabrikat sind zwei 114 mm-Woofer sowie zwei 18 mm-Hochtöner integriert, die speziell dafür konzipiert wurden, kraftvolle Soundleistungen in hoher Stereoqualität zu erzielen. Nach den Angaben von Google soll das Max-Modell 20-mal mehr Leistung als der Google Home liefern.

Darüber hinaus soll der Lautsprecher durch die Integration von "Smart Audio" die Räumlichkeiten seines Standortes in Echtzeit erkennen, um somit zu jedem Zeitpunkt automatisch den bestmöglichen Sound zu gewährleisten.

Dazu beherrscht Google Max sämtlichen Funktionen des Google Home Assistant und bietet WLAN-, Bluetooth-, Multiroom- und Chromecast-Support. Weiterhin erlaubt ein 3,5-mm-Audioeingang den Anschluss von externem Audio-Equipment.

In den USA wird Google Home Max ab Dezember für rund 400 US-Dollar erhältlich sein. Wann das Gerät auf dem deutschen Markt veröffentlicht wird, ist derzeit noch unklar.

12. Problembehandlungen

- **Google Home reagiert nicht auf Ihre Sprachbefehle.**

- Formulieren Sie die Aktivierungsworte samt Sprachanweisungen klar und deutlich.

- Stellen Sie sicher, dass die Mikrofone Ihres Google Home aktiviert sind. Prüfen Sie gleichzeitig nach, ob die Stummtaste auf der Rückseite des Geräts deaktiviert ist.

- Stellen Sie sicher, dass eine konstante Internetverbindung gewährleistet ist. Die kleinen LED-Lichter auf der Rückseite sollten dabei durchgängig weiß leuchten. Falls dies nicht der Fall sein sollte, probieren Sie einen Neustart. Falls ein Neustart ebenfalls nicht weiterhilft, richten Sie Google Home neu ein.

- Stellen Sie sicher, dass die Umgebungsgeräusche nicht zu laut sind. Falls dies der Fall sein sollte, stellen Sie Google Home an einem ruhigeren Platz auf.

- Trennen Sie das Gerät von der Stromzufuhr. Warten Sie 5 Sekunden und verbinden Sie Google Home erneut mit einer Stromquelle.

- **Google Home lässt sich nicht mit Ihrem WLAN-Netzwerk verbinden.**

- Reduzieren Sie den Abstand zwischen Ihrem Google-Home-Gerät und dem WLAN-Router.

- Trennen Sie Ihren WLAN-Router von der Stromzufuhr.

Warten Sie 5 Sekunden ab und verbinden Sie Ihren Router erneut mit einer Stromquelle.

- Trennen Sie Google Home von der Stromzufuhr. Warten Sie 5 Sekunden ab und verbinden Sie Google Home erneut mit einer Stromquelle.

- Überprüfen Sie den Status Ihrer WLAN-Verbindung.

Bearbeiten: Öffnen Sie die Home-App > Tippen Sie auf die **Gerätekarte** > Tippen Sie auf Ihren Google Home > Einstellungen > WLAN.

Wenn Sie die aktuelle WLAN-Verbindung löschen möchten, tippen Sie auf **Entfernen** und danach auf **Netzwerk entfernen**.

Wenn Sie eine neue WLAN-Verbindung herstellen möchten, tippen Sie auf die **Gerätekarte**, wählen Ihren Google Home aus und tippen auf **Einrichten**.

- **Google Home lässt sich nicht mit Chromecast verbinden.**

- Stellen Sie sicher, dass Ihr Chromecast Sprachbefehle unterstützt und mit dem letzten Update aktualisiert wurde.

- Stellen Sie sicher, dass Ihr Chromecast dieselbe WLAN-Verbindung nutzt wie Ihr Google Home.

- Stellen Sie sicher, dass Sie Google Home und Chromecast mit Hilfe der Home-App erfolgreich verbunden haben.

- Stellen Sie sicher, dass Ihr ausgewählter Name für das

Chromecast leicht verständlich ist.

- **Google Home spielt ein falsches Lied ab.**

- Stellen Sie sicher, dass der gesuchte Song in dem von Ihnen genutzten Musikdienst enthalten ist.

- Stellen Sie sicher, dass Google Home für das Streaming von Songs Ihren gewünschten Musikdienst nutzt.

- **Google Home kann Ihre Frage nicht beantworten.**

- Wiederholen Sie Ihre Anfrage. Möglicherweise hat das Gerät Sie beim ersten Mal nicht richtig verstanden.

- Stellen Sie eine spezifischere Anfrage.

- Es kann vorkommen, dass Sie eine ausformulierte oder genaue Syntax nutzen müssen, damit das Gerät Ihre Anfrage versteht.

- Es ist möglich, dass Google Home aufgrund fehlender Wissensressourcen Ihre Frage (noch) nicht beantworten kann.

- **Google Home spielt Spotify nicht ab.**

- Für das Abspielen von Songs auf Spotify ist ein Premium-Account vonnöten. Ein solcher Account kann für einen Monat gratis angelegt werden. In Folge belaufen sich die Kosten für den Account auf 9,99 €/Monat.

- Stellen Sie sicher, dass Sie die aktuelle Version von Spotify nutzen.

- Trennen Sie Ihr Spotify-Konto von Google Home und verbinden Sie das Konto erneut.

- Versuchen Sie einen anderen Musikdienst wie etwa YouTube Music abzuspielen.

- **Google Home liefert Ihnen nicht die gewünschten Informationen über lokale Geschäfte.**

- Stellen Sie sicher, dass Ihre Geräteadresse auf dem aktuellen Stand ist.

Bearbeiten: Menü > Weitere Einstellungen > Tippen Sie unter **Geräte** auf Ihr Google-Home-Gerät > Geräteadresse. Geben Sie die Adresse Ihres Google Home an.

- Versuchen Sie, Ihre Frage nach einer gesuchten Lokalität detaillierter zu formulieren.

- **Google Home funktioniert nicht richtig.**

Falls Ihr Gerät nicht die gewünschte Leistung erbringt, könnte ein Reboot die mögliche Lösung sein.
Um einen Reboot zu starten, öffnen Sie Ihre Home-App und tippen Sie oben rechts auf **Geräte**. Wählen Sie Ihren Google Home aus und drücken Sie auf die **drei vertikalen Punkte**. Wählen Sie die Option **Reboot** aus, woraufhin das Reboot-Verfahren eingeleitet wird. Tippen Sie abschließend auf **OK**.

- **Google Home oder Google Home Mini in den Auslieferungszustand versetzen.**

Ein kompletter Reset Ihres Geräts kann notwendig werden, wenn es technische Probleme hat, welche sich nicht anders beheben lassen oder wenn Sie Ihr Gerät im Auslieferungszustand an eine andere Person übergeben wollen.

Um den Auslieferungszustand Ihres Google Home wiederherzustellen, halten Sie die **Stummtaste** etwa 10 Sekunden lang gedrückt. Daraufhin werden sich die LED-Lichter an der Oberseite zu einem Kreislauf verbinden. Wenn der Kreislauf abgeschlossen ist, wird Ihr Gerät in den Auslieferungszustand zurückversetzt.

Beim Google Home Mini befindet sich die Rücksetztaste in Form eines eingravierten Kreises auf der Unterseite, gleich unterhalb des Netzkabels. Halten Sie die Taste gedrückt, bis Ihr Google Assistant Ihnen den Wiederherstellungsprozess bestätigt.

Anmerkung: Diese Maßnahme wird sämtliche Daten und die von Ihnen personalisierten Einstellungen Ihres Google-Home-Geräts löschen.

- **Feedback senden**

Sie können persönlich zur Verbesserung von Google Home beitragen, indem Sie Ihre Erfahrungen mit dem smarten Assistenten teilen und Feedback an den Hersteller senden. Dies können Sie entweder per Spracheingabe oder via Home-App tun.

Feedback per Spracheingabe senden

Sprechen Sie die Aktivierungswörter "OK Google" und sagen Sie im Anschluss "Feedback geben". Google Home wird Ihre Sprachnachricht sodann aufzeichnen und an das Team von Google Home weiterleiten.

Feedback mit der Home-App senden

1. Tippen Sie im Startbildschirm Ihrer Home-App auf das Menüsymbol > Hilfe und Feedback > Feedback senden.

2. Wählen Sie Ihr Gerät sowie Ihre E-Mail-Adresse aus und schildern Sie im Bereich **Geben Sie Ihr Feedback ein** Ihre Erfahrungen mit Google Home. Zusätzlich können Sie Screenshots und Protokolle beifügen. Tippen Sie abschließend oben rechts auf das **Pfeilsymbol**, um Ihr Feedback abzusenden.

Mehr von diesem Autor

- **Ratgeber**

»Amazon Echo: Das ultimative Handbuch« (Als Taschenbuch und eBook erhältlich)

»Pokémon GO – Guide, Tipps und Kuriositäten: Das ultimative Handbuch« (Als Taschenbuch und eBook erhältlich)

- **Humor**

»Baby Joe erklärt die Welt – Mein erstes Jahr« (als Taschenbuch und eBook erhältlich)

Dieses Werk handelt von einem neunmalklugen Säugling, der in seinem frisch erschienenen Buch "Baby Joe entdeckt die Welt: Mein erstes Jahr" humorvolle Anekdoten über seine Zeit als Windelpupser erzählt. Natürlich lässt der kleine Joey dabei keine Details aus und berichtet mit scharfer Beobachtungsgabe unter anderem von seiner eigenen Entbindung, dem chaotischen Fotoshooting im Krankenhaus, der Kunst des perfekten Wickelns und von den täglichen Abenteuern und Erfahrungen, die er daheim mit seinen frischgebackenen Eltern erlebt hat.

»Die Abenteuer der Familie Manfred Folge Staffel 1« (als eBook und Taschenbuch erhältlich)

Beinhaltet folgende Episoden: Die Schneehasenjagd // Entzug // Das Gewinnspiel // Das neue Haustier //

Verschobene Weihnachten (Teil 1) // Verschobene Weihnachten (Teil 2) // Der Zeitungsbote // Die Kontaktanzeige (Teil 1) // Die Kontaktanzeige (Teil 2) // Die Lebensfreude (Teil 1) // Die Lebensfreude (Teil 2) // Die Zahnbehandlung // Die Flüchtlingskrise

- **Geburtstag**

»Total verrückte Geburtstagswünsche« (als eBook und Taschenbuch erhältlich)

Sie suchen nach originellen Geburtstagsgrüßen für Ihre Freunde, Verwandten, Kollegen und Bekannten? Sie sind die üblichen Standardsätze leid und wollen sich lieber mit Inspiration und Witz aus der Masse der Gratulanten herausheben? Dann ist dieses humorvolle Geburtstagsbüchlein genau das Richtige für Sie. Es enthält über 40 verrückte Wünsche zum Geburtstag, mit denen Sie die Lacher garantiert auf Ihrer Seite haben. Die enthaltenen Geschichten und Grüße sorgen für gute Laune und transportieren Ihre guten Wünsche auf lockere und originelle Weise. Auch für soziale Netzwerke wie Facebook geeignet!

Homepage

www.digitalassistants.de

Kontakt

facebook.com/tomschillerhof